Doris Muliar

Herbstgerichte
aus dem Thermomix®

Über 100 leckere Rezeptideen von Pflaumenkuchen bis Pilzrisotto

Tragen Sie sich jetzt unter
www.m-vg.de/thermomix für unseren
Newsletter ein und erhalten Sie zu
neuen Veröffentlichungen Leseproben
und kostenlose Rezepte!

Bibliografische Information der Deutschen Nationalbibliothek:
Die Deutsche Nationalbibliothek verzeichnet diese Publikation in der Deutschen Nationalbibliografie.
Detaillierte bibliografische Daten sind im Internet über http://dnb.d-nb.de abrufbar.

Für Fragen und Anregungen
info@rivaverlag.de

Wichtiger Hinweis
Samtliche Inhalte dieses Buches wurden – auf Basis von Quellen, die die Autorin und der Verlag für vertrauens-
würdig erachten – nach bestem Wissen und Gewissen recherchiert und sorgfältig geprüft. Alle Rezepte in diesem Buch wurden für den Thermomix® TM5 entwickelt und mit diesem getestet. Bitte beachten Sie: Der Mixtopf des Thermomix® TM5 ist größer als der des TM31 (Kapazität von 2,2 Litern anstatt 2,0 Liter beim TM31).
Daher dürfen aus Sicherheitsgründen die Rezepte aus diesem Buch nur dann mit dem TM31 nachgekocht
werden, wenn die Mengen angepasst wurden. Achten Sie auf die Füllstandsmarkierungen und überschreiten
Sie die maximale Füllmenge nicht. Der Verlag und die Autorin haften für keine nachteiligen Auswirkungen, die
in einem direkten oder indirekten Zusammenhang mit den Informationen stehen, die in diesem Buch enthalten sind. Thermomix® ist ein eingetragenes Warenzeichen der Vorwerk & Co. KG. Diese Publikation ist kein of-
fizielles Lizenzprodukt der Vorwerk & Co. KG.

Originalausgabe
1. Auflage 2018
© 2018 by riva Verlag, ein Imprint der Münchner Verlagsgruppe GmbH
Nymphenburger Straße 86
D-80636 München
Tel.: 089 651285-0
Fax: 089 652096

Redaktion: Caroline Kazianka
Umschlaggestaltung: Laura Osswald
Umschlagabbildungen: Vorderseite: shutterstock.com/Lisovskaya Natalia, shutterstock.com/Maram,
shutterstock.com/MasterQ, shutterstock.com/iMarzi, shutterstock.com/NARUDON, TSAWALARPSAKUN,
shutterstock.com/Maria Medvedeva, shutterstock.com/Timolina, shutterstock.com/StudioPhotoDFlorez,
shutterstock.com/fordern; Rückseite: shutterstock.com/Maram, shutterstock.com/Wiktory, shutterstock.
com/Piotr Krzeslak, shutterstock.com/Sathit, shutterstock.com/Diana Taliun, IStock.com/modesigns58,
IStock.com/margouillatphotos
Satz: inpunkt[w]o, Haiger (www.inpunktwo.de)
Druck: Florjancic Tisk d.o.o., Slowenien
Printed in the EU

ISBN Print 978-3-7423-0513-8
ISBN E-Book (PDF) 978-3-7453-0060-4
ISBN E-Book (EPUB, Mobi) 978-3-7453-0059-8

Weitere Informationen zum Verlag finden Sie unter

www.rivaverlag.de

Beachten Sie auch unsere weiteren Verlage unter www.m-vg.de

Inhaltsverzeichnis

Vorwort

Wenn die Blätter an den Bäumen bunt werden, Kinder Kastanien sammeln und sich leuchtend orangefarbene Kürbisberge an den Straßenrändern türmen, dann ist der Herbst da. Das Wetter wird kühler, Drachen steigen und Vogelschwärme ziehen südwärts. Jetzt genießen wir noch den Spätsommer, freuen uns auf Halloween, am Martinstag ziehen dann Kinder mit ihren Laternen durch die Straßen und bald schon zünden wir die erste Adventskerze an.

Für die Küche heißt das: Ran an all die Früchte, die den ganzen Sommer über reifen konnten und jetzt geerntet werden! Die typischen Herbstfrüchte sind neben Kürbis verschiedene Kohl- und Salatsorten. Pfifferlinge und Steinpilze haben nun Saison und Edelkastanien und Walnüsse gibt es frisch gepflückt.

Der herbstliche Obstkorb glänzt mit knackigen Äpfeln, saftigen Birnen und aromatischen Zwetschgen. Die Traubenernte ist voll im Gange, Preiselbeeren, Brombeeren und Holunder hängen an den Sträuchern und warten darauf, für den Winter eingekocht zu werden.

All das kann in vielen Varianten im Thermomix® zubereitet werden. Ob kleine Gerichte und Vorspeisen, die beliebten Suppen (auch zum Mitnehmen), kräftige Eintöpfe, Geschmortes und Gedämpftes – die regionale Herbstküche ist vielfältig und gesund.

Wir wünschen Ihnen viel Freude in der goldenen Jahreszeit und vor allem viel Spaß beim Nachkochen!

Zehn Punkte für Ihre Sicherheit

Wahrscheinlich sind Sie bestens vertraut mit dem Thermomix® und haben ihn schon längst in Ihren Kochalltag integriert. Wenn Sie Ihren Thermomix® aber längere Zeit nicht verwendet haben: Lesen Sie bitte noch einmal die Gebrauchsanleitung gut durch. Zur Sicherheit haben wir die wichtigsten Bedienungs- und Sicherheitsfragen für den TM5 kurz zusammengefasst.

1. Wenn Sie zerkleinern oder pürieren: Setzen Sie immer den Messbecher ein. Beim Zerkleinern von Nüssen, Gemüse oder anderen harten Lebensmitteln könnten sonst Teile herausgeschleudert werden. Beim Pürieren von heißen Suppen besteht Verbrennungsgefahr durch Spritzer! Verwenden Sie auch den Spritzschutz, wenn Sie vier oder mehr Portionen Suppe kochen – da kann es ebenfalls spritzen.
2. Bei heißem Mixtopf-Inhalt (über 60 °C) nicht sofort im Turbo-Modus pürieren und die Drehzahl nur langsam ansteigend erhöhen.
3. Beachten Sie die maximale Füllstandsmarkierung im Mixtopf. Er ist für 2,2 Liter ausgelegt.
4. Der Mixtopfdeckel entriegelt automatisch nach Ende der eingestellten Garzeit. Versuchen Sie nicht, ihn gewaltsam zu öffnen.
5. Beim Dampfgaren mit dem Varoma darf der Messbecher nicht eingesetzt werden – es kann sonst kein Dampf entweichen.

6. Bei Verwendung des Varoma muss der Dampf zirkulieren können. Lassen Sie daher immer einige Schlitze im Boden frei. Geben Sie genügend Wasser für die Dampfentwicklung in den Mixtopf. Setzen Sie stets den Varoma-Deckel auf und achten Sie darauf, beim Öffnen nicht mit dem heißen Dampf in Berührung zu kommen.

7. Der Rühraufsatz (Schmetterling) zum Schlagen von Eischnee oder Sahne darf nur bis höchstens Stufe 4 zum Einsatz kommen. Der Spatel darf bei Verwendung des Schmetterlings nicht eingeführt werden.

8. Bitte niemals ein anderes Rührwerkzeug als den Spatel in die Deckelöffnung einführen. Der Spatel ist mit seinem »Kragen« so konstruiert, dass er nicht mit den Messern in Berührung kommen kann.

9. Wenn Sie den Mixtopf zum Reinigen auseinandernehmen, gehen Sie äußerst vorsichtig mit dem Mixmesser um – die Messer sind höllisch scharf, es besteht Verletzungsgefahr.

10. Wenn Ihr Thermomix® keinen festen Platz in Ihrer Küche hat, stellen Sie ihn immer auf eine rutschfeste, ebene Arbeitsfläche. Beim Zerkleinern oder beim Rühren von Teigen könnte der Thermomix® durch Unwucht in Bewegung geraten. Bleiben Sie bei diesen Arbeitsschritten neben dem Gerät.

Zum Umgang mit diesem Buch

Bei jedem Rezept finden Sie ausführliche Nährwertangaben, die nach dem Bundeslebensmittelschlüssel berechnet sind. Kcal steht hierbei für Kalorien, E für Eiweiß, F für Fett und KH für Kohlenhydrate.

Sie sehen auch auf einen Blick, für wie viele Personen das Rezept gedacht ist, wobei die Portionen so bemessen sind, dass Erwachsene satt werden.

Außerdem sind die Rezepte verschiedenen Kategorien zugeordnet, damit Sie immer sofort erkennen können, welches Gericht mit Fleisch, vegetarisch oder vegan ist und welches sich zum Abnehmen oder für die Low-Carb-Ernährung eignet.

 Kalorienarm

 Low Carb

 Fettarm

 Mit Fleisch

 Vegan

 Vegetarisch

Infos zu den Rezepten

- Alle Rezepte sind für den TM5 konzipiert.
- Die Mengenangaben für das Gemüse beziehen sich auf unvorbereitete Ware.
- Mit Zwiebel meinen wir eine mittelgroße Zwiebel von ca. 100 Gramm. Sonst ist angegeben: große (150 g) oder kleine (75 g) Zwiebel.
- 1 EL Öl schlägt bei den Nährwertberechnungen mit 15 Gramm zu Buche.
- 1 Ei, Größe M, wiegt bei unseren Berechnungen ca. 55 Gramm.
- Milch und Joghurt verwenden wir immer mit 3,5 % Fett.
- Wir wählen stets Frischkäse und Quark mit 20 % Fett, obwohl auch Varianten mit weniger Fett angeboten werden.
- Wir verwenden immer Gemüsebrühe. Nach Belieben können Sie die Gerichte auch mit Geflügel- oder Fleischbrühen kochen – die Kalorienangaben verändern sich dadurch unwesentlich.

Das wird im Herbst geerntet

Im Herbst können wir all das genießen, was den ganzen Sommer über Zeit hatte, Aromen und Vitamine zu entwickeln. Obst, Gemüse, Beeren und heimische Nüsse mobilisieren Immunkräfte für die kalte Jahreszeit. Die bunten Farben der Wälder finden sich auch auf den Tellern wieder: Von knallroten Äpfeln bis tiefblauen Zwetschgen beschreiben wir hier alphabetisch die wichtigsten Zutaten, die Sie im September, Oktober und November aus meist heimischem Anbau bekommen.

Äpfel

Äpfel sind eigentlich das Ur-Superfood. Nicht umsonst gibt es die Volksweisheit, dass ein Apfel am Tag den Arzt fernhält. Tatsächlich enthalten Äpfel eine Reihe von Mikronährstoffen, die vor vielen Krankheiten (Herzkrankheiten, Diabetes, Cholesterin, Krebs) schützen. Neuere Studien weisen auf den Inhaltsstoff Quercetin hin, der uns nicht nur vor Allergien und Darmkrankheiten, sondern auch unsere Gehirnzellen vor Entzündungen bewahren soll. Der Frühherbst ist bei uns die Hochzeit der Apfelernte. In den »Apfelhochburgen« gibt es dann zahlreiche Veranstaltungen zum Selbstpflücken und Apfelfeste, bei denen zum Beispiel Saft gepresst wird. Bekannte heimische Sorten sind Cox, Elstar, Gala, Jonagold und Boskoop. Seltener im Handel: Berlepsch, Rubinette oder Wellant – die finden Sie eher auf Bauernmärkten.

Birnen

Birnen und Äpfel zu vergleichen ist hier durchaus ange-
bracht. Auch Birnen sind prallvoll mit Vitaminen und
sekundären Pflanzenstoffen. Dazu kommt noch der
Mineralstoff Bor, der es ermöglicht, Calcium zu spei-
chern, und der für die Hormonbildung wichtig ist.

Die süßen Birnen sind leicht verdaulich, obwohl sie reichlich Ballaststoffe enthalten. Somit leisten sie einen wichtigen Beitrag zur Darmgesundheit. Ihr hoher
Kaliumgehalt stärkt das Herz und senkt den Blutdruck.

Die heimische Birnenzeit beginnt etwa Ende August. Dann finden wir Abate,
Gute Luise, Conference und Williams Christ auch in den Supermärkten.

Bohnen

Von Juli bis in den Spätherbst hinein werden die grünen Stan-
gen- oder Gartenbohnen bei uns geerntet. Was Sie vor-
her in den Regalen finden, kommt aus Gewächshäusern
oder von weit her.

Bohnen sind ein klassischer Bestandteil von Eintöpfen,
sie machen sich aber auch als Beilage gut. Unverzichtbar
sind grüne Bohnen beim Thanksgiving (dem amerikanischen Pendant zu unserem Erntedankfest), wobei sie zu Aufläufen verarbeitet werden. Ein Rezept dafür finden Sie auf Seite 166.

Brokkoli

Die Herbstsonne lässt den Brokkoli bis zum ersten Frost auf heimischen Feldern und in Gärten reifen. Achten Sie beim Einkauf auf
eine dunkelgrüne bis blaugrüne Farbe. Die Röschen dürfen keine
gelben Verfärbungen haben, dann ist nämlich das Aroma dahin. Am
besten immer frisch kaufen, denn auch zu Hause gelagert blüht Brokkoli gelb auf – in diesem Fall, wenn überhaupt, lieber nur die Stiele verwenden.

Brombeeren

Beim Spaziergang im Herbst finden Sie oft Brombeeren am Wegesrand. Leider befinden sich die schönsten Früchte meist unerreichbar hinter Gestrüpp und Dornen, sodass Sie besser auf das reiche Angebot von Märkten und Supermärkten zurückgreifen. Als Zuchtbeeren gibt es die prallen Früchte weit gereist das ganze Jahr über. Der hohe Vitamingehalt ist aber jetzt, frisch geerntet, am höchsten.

Brombeeren passen auf Kuchen, ins Müsli oder in Smoothies und vertragen sich gut mit allen Milchprodukten.

Ein leckerer Drink für 2 Personen: 250 g gewaschene Brombeeren ½ Stunde ins Gefrierfach geben. Dann mit 1 Banane, 150 ml Buttermilch, 150 ml Milch und 1 EL Honig in den Mixtopf geben und **40 Sekunden/Stufe 7** fein pürieren.

Chicorée

Eines der Lieblingsgemüse von Franzosen und Belgiern findet bei uns höchstens den Weg in die Salatschüssel. Dabei ist Chicorée gerade im Herbst und Winter, wenn es wenig Frisches gibt, ein toller Vitaminlieferant und mit seinen Bitterstoffen überaus gesund. Wir haben ihn mit Mettwurst zu einem leckeren Eintopf vereint. Das Rezept finden Sie auf Seite 145.

Mit wenig Kalorien und kaum Kohlenhydraten trumpfen die weiß-gelben Stauden mit viel Inulin auf, das dem Darm schmeichelt und die Magnesium- und Calciumaufnahme fördert.

Am besten dunkel und im Kühlschrank lagern. Wem der Chicorée zu bitter schmeckt, schneidet den Strunk keilförmig heraus.

Feldsalat

Warum er in Österreich Vogerlsalat heißt? Niemand weiß es. Auch der Ursprung der deutschen Bezeichnung »Rapunzel« ist unbekannt.

Fest steht hingegen der hohe Mineralstoffgehalt, dabei besonders hervorzuheben: das viele Eisen.

Von September bis April gibt es den Feldsalat aus dem Freiland. Gerade die Kälte im Herbst und Winter verstärkt sein nussiges Aroma. Pur oder mit Kartoffeln ist er eine feine Beilage zu Gebratenem.

Freunde der »Greenies« mixen ihn zum Beispiel mit Apfel, Kiwi, Mandelmus und Wasser.

Granatapfel

Zwar bekommt man die importierten Früchte mittlerweile das ganze Jahr über, von Oktober bis Februar haben sie jedoch in ihren Ursprungsländern Hochsaison und sind dann besonders saftig und aromatisch. Die roten Kerne könnte man zu Recht Superfood nennen, denn in reifen Früchten ist alles enthalten, was gesund und fit hält.

Die harte Schale ist oft fleckig und bräunlich verfärbt – das tut den inneren Werten allerdings keinen Abbruch. Mit einem Apfel hat die Frucht nicht zu tun – botanisch ist sie eine Beere, die der Trojaner Paris beim Schönheitsstreit der Aphrodite überreichte.

Bei Zimmertemperatur können Sie Granatäpfel bis zu drei Wochen lagern, in kühlen Räumen oder im Kühlschrank sogar noch länger.

Wem es zu umständlich ist, die Kerne zu pulen: Man kann die Frucht auch auspressen oder schon ausgelöste Kerne aus dem Kühlregal kaufen.

Grünkohl

Grünkohl trägt die Königskrone der Kohlgemüse. Er hat die meisten Mineralstoffe, Vitamine und Proteine. Grünkohl putzt den Darm, beseitigt Verstopfungen, baut die Darmflora auf, vitalisiert und senkt den Cholesterinspiegel. Unter dem Decknamen »kale« mischt er sich in den USA seit Längerem in Superbowls und Greenies. In diesem hippen Mäntelchen kam er auch wieder zurück zu uns, wo ihm ein bislang hausbackenes und ungesundes Ansehen anhaftete. Früher, ja da wurde er völlig zerkocht mit fetten Zutaten serviert. Wir aber vermählen ihn mit Hülsenfrüchten und Granatapfelkernen, gönnen ihm nur kurze Kochzeiten und machen heimisches Superfood aus ihm.

Holunder

Holundersträucher finden Sie an Waldrändern oder Hecken. Von Sträuchern, die nahe an den Straßen stehen, lieber nichts pflücken – hier könnten sich schädliche Abgase angesammelt haben. Die reifen Beeren sind tiefschwarz und können von September bis November gepflückt werden.

Holunder enthält viel Vitamin C, weshalb er auch als Hausmittel bei Erkältung bekannt ist. Außerdem liefert er Anthocyane, die entzündungshemmend wirken und Viren bekämpfen.

Achtung: Die gesunden Beeren des Schwarzen Holunders hängen nach unten (Foto), die Beeren des Zwergholunders sind giftig und zeigen nach oben (außerdem riechen sie unangenehm)!

Auch wenn die Beeren verlockend aussehen: Nie roh essen! Der Giftstoff Sambunigrin führt zu Magen-Darm-Beschwerden und Durchfall und wird erst durch Erhitzen unschädlich.

Knollensellerie

Gebündeltes Suppengemüse ohne ein Stück der Knolle gibt es nicht. Dabei kann der intensive Geschmack des Knollenselleries auch solo bestens zur Geltung kommen.

Die faustgroße Knolle gilt seit Homer als Aphrodisiakum. In der Odyssee besang der Dichter den Sellerie als Lieblingsgemüse der Zauberin Kalypso. Anregend ist die Knolle wohl, aber eher für den Stoffwechsel. Es gibt sie das ganze Jahr über – im Frühjahr den jungen »Suppensellerie«, etwa 5 Zentimeter groß und mit viel würzigem Grün. Haupternte ist im Oktober, dann enthalten die Knollen die größten Mengen ihrer Mineralstoffe, ätherischen Öle, Calcium und Eisen.

Neuere Züchtungen sind schneeweiß, was hübsch aussehen mag. Der typische Geschmack jedoch sitzt in den eingelagerten gelblichen Flecken.

Im Gemüsefach des Kühlschranks hält sich Sellerie bis zu zwei Wochen lang frisch. Sie sollten die Knolle aber nicht mit Klarsichtfolie abdecken – sie braucht ein wenig Luftfeuchtigkeit. Wenn die Schnittstellen verfärbt sind, einfach dünn abschneiden.

Kürbis

Von den zahlreichen Kürbissorten, die es am Markt gibt, verwenden wir in der Küche am liebsten den Hokkaido-Kürbis, denn er hat den Vorteil, dass man seine dünne Schale mitessen kann. Praktisch macht ihn auch, dass oft kleinere Früchte von 1 bis 2 Kilogramm Gewicht angeboten werden. Ein angeschnittener großer Kürbis (oder eine Spalte davon) sollte im Kühlschrank gelagert und innerhalb von drei bis vier Tagen verbraucht werden.

Als Faustregel gilt: Aus 1 Kilogramm Kürbis erhalten Sie nach Putzen und Entkernen etwa 600 bis 700 Gramm Fruchtfleisch.

Der Name unseres Lieblingskürbisses kommt aus seiner ursprünglichen Heimat, der Insel Hokkaido in Japan. Seitdem vor etwa 20 Jahren die ersten Exemplare bei uns aufgetaucht sind, hat dieser kleine aromatische Kürbis in einem Super-Spurt alle anderen Sorten überholt. Nach Beginn der Haupterntezeit etwa im September bleibt er bei kühler und trockener Lagerung mindestens zwei Monate lang frisch.

Beliebt für Suppen ist auch Muskat-Kürbis. Stattliche Exemplare mit ihrer gerippten Schale können bis zu 40 Kilogramm schwer werden. Während seine Brüder im Herbst ihre leuchtend orangefarbenen Kleider anziehen, bleibt er eher gedeckt dunkelgrün bis matt lachsfarben. Im Inneren entfaltet aber auch er leuchtendes Orange. Im Handel wird er wegen seiner unhandlichen Größe meist in Stücken oder Spalten angeboten. Er muss im Gegensatz zum Hokkaido geschält werden.

Eine Besonderheit: Das Fruchtfleisch kann auch für Rohkost verwendet werden. Rezepte für Kürbissuppen gibt es wie Sand am Meer. Wir haben uns deshalb andere Zubereitungsarten überlegt: Die knallorangefarbenen Beeren (ja, Kürbis gehört zu den Beerengewächsen) machen sich auch gut als Dip, Salat, Gratin oder Muffin.

Maronen

An den Straßenecken gibt es sie je nach Wetterlage schon ab Oktober: Die heißen Edelkastanien sind die ersten Vorboten des Winters. Wir wärmen uns die Hände an den kleinen Papiertüten und nehmen beim Naschen jede Menge Gesundheit zu uns: hochwertiges Eiweiß und fast das gesamte Spektrum an Mineralstoffen und Spurenelementen. Dass 100 Gramm beachtliche 220 Kilokalorien haben, sollte weniger ins Gewicht fallen, denn sie machen lange satt, sodass sie eine komplette Mahlzeit ersetzen können.

Botanisch gesehen sind Maronen Nüsse, sie sollten aber, da sie schwer verdaulich sind, nicht roh gegessen werden. Beim Einkauf immer darauf achten, dass die Schalen glatt, glänzend und ohne Wurmlöcher sind. Möglichst frisch verarbeiten, denn sie verlieren schon nach wenigen Tagen Aroma und werden zäh.

Mirabellen

Mirabellen gehören zur großen Familie der Pflaumen. Eigentlich sind sie quietschgelb; haben sie viel Sonne, bekommen sie rote Punkte und rote Wangen. Ihre Erntezeit ist kurz: Oft sind sie bereits im August reif und Ende September ist definitiv Schluss mit den süßen Früchtchen.

Da ein Großteil der Ernte gleich in die Schnapsbrennerei und Marmeladetöpfe wandert, sollten Sie schnell zugreifen, wenn Sie am Markt welche sehen. Bei uns werden die meisten Früchte im Saarland und in Rheinland-Pfalz geerntet, wo es auch zahlreiche Feste rund um die Mirabellen gibt. Für 2018 wurde die Sorte Nancy-Mirabelle dort sogar zum Streuobst des Jahres gekürt.

Nüsse

Ab Mitte September fallen die Walnüsse von den Bäumen – ein Zeichen, dass sie vollständig reif sind. Wenn Sie frische Nüsse am Markt bekommen, sollten Sie unbedingt die dünne weiße Haut rund um den Nusskern entfernen, da sie bitter schmeckt. Bei getrockneten Nüssen ist das nicht notwendig, da sind die Bitterstoffe schon verloren gegangen. Die Nusshälften sehen nicht nur ein wenig wie ein Gehirn aus, sie gelten auch als Powerfood für Denkleistungen. Ihr gesundheitlicher Nutzen ist so groß, dass wir seitenlang darüber schwärmen könnten. Täglich 50 Gramm Nüsse (egal welche – am besten gemischt und abwechslungsreich) beugen vor, heilen und schmecken gut. Gehackt oder gemahlen, im Müsli oder über Salat und Suppe – für ein paar Nüsse ist immer Platz.

Pastinaken und Petersilienwurzel

Die beiden sehen sich zum Verwechseln ähnlich. Der Unterschied ist dort erkennbar, wo oben das Kraut ansetzt: Bei Pastinaken ist dort eine Vertiefung, während die Petersilienwurzel sich leicht ausstülpt. Letztere ist meist auch schlanker und heller. Wenn Sie mal im Supermarkt zur »falschen« Wurzel gegriffen haben, kein Problem, sie schmecken ähnlich. Daher können Sie auch alle Pastinakenrezepte mit Petersilienwurzel zubereiten und umgekehrt. Oder einfach mal beide gleichzeitig in einen Topf werfen – sie mögen sich bestimmt. Kaufen Sie wenn möglich kleinere Exemplare, die schön knackig aussehen. Am besten in ein feuchtes Küchentuch gewickelt im Gemüsefach lagern, dann bleiben sie bis zu zwei Wochen frisch.

Pilze

Steinpilze sind wohl die Königsklasse unter den herbstlichen Pilzen. Wie alle Pilze stecken auch sie voller Vitamine und Mineralstoffe und sind außerdem mit 90 Prozent Wassergehalt ein Schlankmacher. Selbst sammeln sollten Sie nur, wenn Sie sich wirklich gut auskennen. Der Gallenröhrling, ein Doppelgänger, der dem Steinpilz zum Verwechseln ähnlich sieht, kann mit seinen Bitterstoffen ein ganzes Gericht verderben – und den Magen noch dazu. Je nach Wetterlage gibt es die ersten Pfifferlinge schon im Spätsommer, die Saison reicht aber bis tief in den Herbst hinein. Die Pfifferlinge sollten leuchtend gelb und trocken sein. Achten Sie beim Einkauf – besonders bei abgepackter Ware – darauf, dass die Pilze keine feuchten und dunklen Stellen haben. Dann nämlich sind Aroma und Geschmack schon dahin. Besser offene Ware am Markt kaufen. Waschen tut den empfindlichen Waldgewächsen auch nicht gut. Es empfiehlt sich, sie nur mit einer weichen Bürste oder Küchenkrepp vorsichtig abzureiben. Manche schwören auf die Mehlmethode: erdige Stielchen abschneiden und Pilze in einen Plastikbeutel füllen. 2 bis 3 Esslöffel Mehl dazugeben, Beutel verschließen und schütteln, bis alle Pilze mit Mehl bedeckt sind. In ein grobes Sieb geben und mit kaltem Wasser abbrausen. Auf Küchenkrepp abtropfen lassen.

Preiselbeeren

Herbstliche Wildgerichte ohne Preiselbeeren – das geht gar nicht. Leider sind sie frisch allenfalls auf Bauernmärkten zu bekommen (oder im Internet), denn die Industrie schnappt sie uns alle weg und verarbeitet sie fix zu Konfitüren.

Eine Alternative: Bis vor wenigen Jahren gab es Cranberrys nur als Trockenfrüchte, mittlerweile aber sind sie zwischen September und Dezember auch in unseren Supermärkten erhältlich – manchmal sogar von heimischen Feldern. Aus den luftgefüllten (deshalb sind sie so viel größer als unsere Preiselbeeren) Beeren können Sie auch gut Saucen oder Konfitüren zubereiten.

Quitten

Das bei uns fast vergessene Obst feiert sein Comeback und wird im Herbst auch wieder in Supermärkten (nicht nur in türkischen Läden) angeboten. Quitten sind hart und holzig und man kann sie nicht roh essen. Aber gedünstet als Kuchenbelag oder zu Saft, Gelee oder Marmelade verarbeitet haben sie viele Liebhaber. Quittengelee und Quittenbrot passen gut zu Käse, luftgetrocknetem Schinken oder gebratenem Geflügel.

Meist sind Quitten beim Kauf noch mit einem öligen, bitteren Flaum bedeckt, der unbedingt entfernt werden muss – einfach mit einem feuchten Tuch oder Schwamm abreiben. Quitten gehören zur Familie der Rosengewächse. Ihre nächsten Verwandten sind Apfel und Birne, mit denen sie gut zusammenpassen.

Radicchio

Sprich: »Radikkio«! Er ist bekannt für seinen Reichtum an Bitterstoffen, was man auch deutlich schmeckt. In Salaten kann man dem abhelfen, indem man dem Dressing etwas Zucker, Honig oder Sirup zufügt. Auch mit Obst, zum Beispiel Birnen oder Orangen, verträgt Radicchio sich gut.

Wir haben die roten Köpfe mit Linsen gepaart – wie das geht, erfahren Sie auf Seite 36.

Rosenkohl

Rosenkohl liebt den Spätherbst und Winter. Am besten schmeckt er, wenn man ihn nach dem ersten Frost erntet, was in den letzten Jahren nicht immer möglich war. Durch die Kälte wird die Zuckerproduktion angeregt, dadurch vergeht der bittere Geschmack und der Rosenkohl bekommt sein herb-süßliches Aroma.
Für Vegetarier und Veganer wichtig: Mit 4,5 Gramm pro 100 Gramm enthalten Kohlsprossen (wie das Gemüse in Österreich genannt wird) mehr Eiweiß als andere Kohlsorten.
Rosenkohl wird meist nur als Beilage auf den Tisch gebracht. Dabei kann er durchaus auch eine Hauptrolle spielen: in leckeren Salaten, Suppen und Aufläufen, wo er sich bestens verträgt mit Speck, Würstchen oder Geflügel.
Bei der Zubereitung hat man kurz Arbeit mit dem Putzen: Schneiden Sie erst die Strünke ab und entfernen Sie dann die äußeren Blättchen. Um die Garzeit zu verringern, kann man größere Exemplare halbieren oder die Strünke kreuzförmig einschneiden.

Rote Bete

Der rote Farbstoff der Roten Bete ist unschlagbar! Er verbessert die Zellatmung und fördert so die Leistungsfähigkeit. Außerdem wirkt er hohem Blutdruck entgegen, befreit die Gallengänge und macht die Haut schön. Das enthaltene Betain sorgt außerdem für gute Laune, da es den Serotoninspiegel, unser »Glückshormon«, steigern kann.
Im September beginnt die Ernte und geht bis in den März hinein. Vorgekocht und vakuumiert wird die vitaminreiche Knolle das ganze Jahr über angeboten. Mit dem Thermomix® ist es aber ganz einfach, frische Beten zu kochen, was Sie mit einem unvergleichlich besseren Geschmack belohnt. Achtung nur beim Schälen: Die rote Farbe färbt die Hände nachhaltig, deshalb empfiehlt es sich, Einmalhandschuhe zu verwenden.

Rotkohl

Rotkohl finden Sie eigentlich das ganze Jahr über in den Gemüseregalen. Aus regionalem Anbau kommt er aber von September bis Dezember frisch in die Läden. Danach gibt es bis ins späte Frühjahr den sogenannten Dauerkohl, der eingelagert wurde.

Als mehr oder weniger verkochte Beilage kam er früher häufig auf den Tisch. Rotkohl ist aber auch eine vitaminreiche Salatzutat.

Die Farbe des Rotkohls oder Blaukrauts hängt vom pH-Wert des Bodens ab, auf dem er wächst. Auf basischen Böden wird er eher blau, auf sauren Böden rot. Röter oder eher blau werden kann er auch bei der Zubereitung: Säuren wie Essig oder Apfel färben rot, Zutaten wie Natron oder Zucker verändern ins Bläuliche. Aber egal welche Farbe: Der hohe Gehalt an sekundären Pflanzenstoffen wirkt entzündungshemmend und stärkt das Immunsystem.

Aufbewahren können Sie angeschnittenen Rotkohl (wie auch andere Kohlsorten) bis zu drei Wochen im Kühlschrank, wobei er allerdings viele Vitamine verliert. Jedoch nie zusammen mit Äpfeln oder Tomaten lagern, da er sonst schnell welk wird.

Spinat

Jede Jahreszeit hat ihren eigenen Spinat. Während im Frühjahr der zarte Babyspinat in den Salatschüsseln landet, wird jetzt der kräftigere Herbstspinat mit seinen größeren und leicht gewellten Blättern gekocht. Auf Märkten wird auch »Wurzelspinat« angepriesen. Das bedeutet aber nichts anderes, als dass der Spinat maschinell geerntet wurde und die Wurzeln gleich mit. Wegschneiden müssen Sie diese – wie auch die Stiele des Blattspinats – sowieso. »Leaf to root«-Anhänger experimentieren zwar auch damit (Infos dazu finden Sie im Internet), die klein verästelten Wurzeln machen aber viel Arbeit, und das Ergebnis ist – na ja.

Topinambur

Topinambur, auch Jerusalem-Artischocke genannt, wurde lange Zeit nur in den Schnapsbrennereien verarbeitet. Jetzt findet man die bizarren Knollen, deren Schalen in der Farbe von Hellbraun bis Dunkelviolett variieren können, immer häufiger auch in den Supermärkten. Sie werden je nach Region von September bis November geerntet, sind innen ganz weiß und schmecken leicht süßlich und nussig. Man kann sie roh essen oder wie Kartoffeln zum Beispiel für die Zubereitung von Suppen verwenden. Ganz junge, frische Topinamburen muss man nicht schälen.

Trauben

In allen Weinregionen sind jetzt Weinköniginnen unterwegs. Gelesen werden die Weintrauben; Sorten, die für uns zum Essen bleiben, heißen Tafeltrauben. Und davon gibt es immer mehr Sorten, die von August bis Dezember überwiegend aus Italien, Spanien und Griechenland in den Handel kommen. Da die Globalisierung auch vor Trauben nicht haltmacht, gibt es die übrige Zeit Importware aus Südamerika und Südafrika.

Gesund, ja sogar heilkräftig sind sie allemal: Blutbildend und -reinigend gelten sie als wirksam gegen Gicht, Leberleiden, Arteriosklerose und Nierenschwäche. Ein zweitägiges Traubenfasten (etwa 1 bis 1,5 kg Tafeltrauben/Tag + stilles Wasser oder Kräutertee) kann 2 bis 3 Kilogramm Gewicht den Garaus machen.

Weißkohl und Wirsing

Weißkohl und Wirsing sind aus herbstlichen Eintöpfen nicht wegzudenken. Als Cole-Slaw-Salat hat es der Weißkohl aus dem Sauerkrautfass auch auf die Tische feiner Restaurants geschafft. Angeschnittenen Kohl am besten mit Folie abdecken und im Kühlschrank aufbewahren. Er kann aber auch klein geschnitten, roh oder blanchiert portionsweise eingefroren werden.

Und auch der grüne Kohlkopf mit seinen krausen Blättern ist salonfähig geworden. Sternedekorierte Jungköche schreiben Wirsing im Herbst ganz oben auf ihre Speisekarten. Wirsing schmeckt sehr viel feiner und weniger kohltypisch als Weißkohl. Gesund, kalorienarm und vielseitig verwendbar sind sie allerdings beide.

Wild

Nicht nur Hirsch, auch andere Wildsorten wie Reh, Hase oder Rebhühner sind eine leckere Alternative zu den Produkten der Fleischindustrie. Das Fleisch ist fett- und cholesterinarm und enthält viel biologisch wertvolles Eiweiß.
Jagdsaison bei uns ist im Herbst und im Winter, dann gibt es das Fleisch häufig küchenfertig beim Metzger, mit regionaler Herkunftsbezeichnung und Erlegedatum. In Supermärkten gibt es Wild tiefgekühlt, dann aber von in Gattern gehaltenen Tieren.

Zwetschgen

Zum Ende des Sommers kommt die Zwetschge auf den Markt. Sie ist besonders gut zum Kuchenbacken geeignet, ja sie wird sogar als »Königin der Blechkuchen« bezeichnet. Das grünlich-gelbe Fruchtfleisch ist schön saftig, bleibt aber trotzdem in Form. Zwetschgen gehören zur Familie der Pflaumen, denen sie auch sehr ähnlich sehen. Allerdings sind sie etwas kleiner und eher länglich.
Das Besondere an Pflaumen ist ihre Vielfalt: rot, gelb, violett, groß, klein, süß und manchmal säuerlich – allein bei uns gibt es 25 der weltweit über 2000 Sorten.

Das gibt Herbstgerichten Würze

Wenn es kühler wird, wärmen Zimt, Koriander, Ingwer oder Vanille von innen und helfen uns, wohlig zu entspannen. Einige der Gewürze kennen wir nur aus Gewürzmischungen oder fertig verbacken in Spekulatius, Printen oder Pfeffernüssen. Es lohnt sich aber zum Beispiel, Kardamomkapseln im Vorrat zu haben und damit Tee, heiße Milch oder Kaffee zu einem wohltuenden Getränk aus 1001 Nacht zu machen.

Curry

Currypulver wird aus verschiedenen Gewürzen komponiert und dann gemahlen. Hauptbestandteile sind Kurkuma (färbt gelb), Chili, Koriander, Kreuzkümmel (Cumin), Bockshornklee, Senfsaat und Pfeffer. Fast jeder, der regelmäßig Curry verwendet, kreiert seine eigene Mischung, schwört dabei auf so manche »Geheimzutat« wie Muskatblüte oder Kardamom und zerkleinert das Ganze dann im Mörser. Das übrigens können Sie auch im Thermomix® machen: Die ganzen Gewürze einfach im Mixtopf **30 Sekunden/Stufe 10** mahlen.

Ingwer

Ingwer ist die Allzweckwaffe, wenn jetzt im Herbst wieder Erkältungen drohen. Abgesehen von Vitamin C sind es die ätherischen Öle, die im Organismus Wärme verbreiten und die Schleimhäute besser durchbluten.

Als Erste-Hilfe-Maßnahme hat sich Tee bewährt: etwa 25 g frischen Ingwer schälen, in Scheiben schneiden, in einen Topf geben und mit 1 l heißem Wasser übergießen. Auf kleinster Stufe 20 Minuten köcheln oder nur ziehen lassen.

Kardamom

Das Supergewürz aus dem Orient kommt mit seiner Heilkraft in der ayurvedischen und traditionellen Medizin zum Einsatz. Aber abgesehen von Wirkungen gegen eine Vielzahl von Erkrankungen lieben wir den einzigartigen Geschmack, der in Keksen, Glühwein, Reis, Tee, Kaffee und in orientalisch inspirierten Gerichten voll zur Geltung kommt. Verwenden Sie nach Möglichkeit ganze Kapseln, die Sie behutsam aufschlitzen und denen Sie dann die kleinen Samenkörnchen entnehmen.

Koriander

Koriander wirkt positiv auf die Verdauung und wird gerne zusammen mit Kümmel und Fenchel verwendet – besonders im Brotgewürz. Auch in der Weihnachtsbäckerei, in herbstlichen Eintöpfen oder Aufstrichen trägt er zur Verfeinerung bei. Er verträgt sich gut mit Knoblauch, Rosmarin oder Thymian. Die ätherischen Öle im Koriander sollen auch bei Entzündungen und Infektionen helfen – Forscher beschäftigen sich mit der Pflanze, um daraus ein natürliches Antibiotikum zu gewinnen.

Kreuzkümmel (Cumin)

Cumin hat in letzter Zeit einen kleinen Hype erlebt. Zusammen mit Koriander und Kurkuma vermahlen soll er gegen Arthrose, Rheuma und andere entzündliche Prozesse wirksam sein. Manche Ratgeber geben auch noch Muskat mit dazu. In der Küche entfaltet Kreuzkümmel sein Aroma noch intensiver, wenn Sie ihn kurz in einer beschichteten Pfanne ohne Fett anrösten. Am besten kaufen Sie das Gewürz in türkischen Lebensmittelgeschäften – dort ist er meist frischer und qualitativ hochwertiger.

Kurkuma

Kurkuma wird nachgesagt, sie sei wirksamer als Medikamente. Tatsächlich wirkt die gelbe Wurzel aus den Tropen stark entzündungshemmend und stärkt Leber und Gehirn. Gemahlene Kurkuma ist auch der farbgebende Bestandteil des Currypulvers.

Trendy aus Indonesien zur Stärkung des Immunsystems: Jamu Juice. Für 4 Gläser: 30 g frischen Ingwer, 10 g frische Kurkuma, 1 Prise schwarzen Pfeffer, Saft von 2 Orangen, 1 l kaltes Wasser im Thermomix® **1 Minute/Stufe 10** mixen. Durch ein Sieb abgießen und – wenn es Ihnen zu herb ist – mit etwas Sirup (zum Beispiel Holunderblütensirup) süßen. Kann auch einen Tag im Kühlschrank aufbewahrt werden.

Lebkuchengewürz

Die Mischung aus hauptsächlich Zimtrinde, Gewürznelken, Piment und Sternanis muss nicht nur Lebkuchen vorbehalten bleiben. Sie schmeckt in der kalten Jahreszeit auch gut in herzhaften Gerichten, kann Saucen verfeinern und auch mal einem Salat mit Couscous oder Quinoa einen besonderen Dreh verpassen.

Sie bekommen Lebkuchengewürz in gut sortierten Supermärkten, können aber auch eine eigene Mischung herstellen.

Als Beispiel hier ein Grundrezept: 30 g Zimtstangen, 6 Gewürznelken, 6 Pimentkörner und ½ TL Koriandersaat **30 Sekunden/Stufe 10** im Thermomix® mahlen. Nach Belieben passen dazu noch 2 Kapseln Kardamom, 2 g Muskatblüte und 1 Sternanis. Gut verschlossen und lichtdicht aufbewahren!

Vanille

Mittlerweile ein echter Luxus. Die Bourbon-Vanille kostet auf dem Weltmarkt mehr als Silber, denn Genießer verschmähen immer öfter die günstigeren Imitate (Nebenprodukte der Papierherstellung). Und auch in der Lebensmittelherstellung gibt es den Trend zum Authentischen.

Für den verführerischen Vanilleduft kommen Sie um die länglichen dunklen Schoten, die auf Madagaskar, in Tahiti oder Mexiko angebaut werden, nicht herum.

Zimt

Glühwein, Stollen, Zimtsterne – schon vor der Advents-
zeit werden wir mit Zimt geradezu überflutet. Cuma-
rin, der Stoff, aus dem der leckere Geruch strömt, ist
jedoch ein wenig in die Kritik geraten. Zu viel davon soll für die Leber schäd-
lich sein. Entwarnung! Ein bis zwei Wochen lang kann man die dreifache Menge des
empfohlenen Grenzwerts (100 g Zimtgebäck täglich) zu sich nehmen. Ausnahmen
gelten für Kleinkinder: 30 Gramm Zimtsterne oder 100 Gramm Lebkuchen täglich.
Zimt kommt aber nicht nur in Zimtsternen vor. Das aromatische Pulver schmeckt
auch gut in Gemüsezubereitungen, wärmt von innen und soll sogar den Blut-
zuckerspiegel regulieren können.

Rezepte

Vorspeisen, Salate und kleine Gerichte

Kartoffelaufstrich »Erdäpfelkas«

Für 4 Portionen • Pro Portion: 190 kcal, 4 g E, 9 g F, 22 g KH

> **500 g mehligkochende Kartoffeln**
> **1 TL Salz**
> **500 ml Wasser**
> **1 Zwiebel**
> **½–1 TL Kümmel**
> **200 ml saure Sahne**
> **Salz, Pfeffer**

1. Die Kartoffeln schälen, waschen und vierteln. In das Garkörbchen legen. Salz und Wasser in den Mixtopf füllen, Garkörbchen einhängen, Messbecher aufsetzen und die Kartoffeln in **20–25 Minuten/Varoma/Rührstufe** weich dämpfen.

2. Garkörbchen herausnehmen, Mixtopf ausleeren und abtrocknen. Die Zwiebel schälen, vierteln und in den Mixtopf geben. **5 Sekunden/Stufe 5** zerkleinern (Messbecher!). Mit dem Spatel nach unten schieben und den Vorgang 1–2 Mal wiederholen, bis die Zwiebel sehr fein gehackt ist.

3. Die Kartoffeln dazugeben und alles **6 Sekunden/Stufe 5** pürieren. Kümmel und saure Sahne **10 Sekunden/Stufe 4** einrühren und Aufstrich mit Salz und Pfeffer abschmecken.

TIPP: Wer will, kann auch noch 1–2 Knoblauchzehen zu der Spezialität aus Oberösterreich geben. Einfach mit der Zwiebel fein hacken. Statt saurer Sahne kann man auch Quark verwenden – der Aufstrich wird dann fester. Wenn der »Käse« einige Stunden im Kühlschrank durchziehen kann, schmeckt er noch mal so gut.

Kartoffelaufstrich »Colcannon«

Für 6 Portionen • Pro Portion: 189 kcal, 5 g E, 12 g F, 16 g KH

500 g mehligkochende Kartoffeln

3–4 Blätter Weißkohl, Wirsing oder
Grünkohl (ca. 350 g)

Salz

1 l Wasser

1 Bund Lauchzwiebeln

75 g Butter

100 ml Milch

Salz, Pfeffer

etwas geriebene Muskatnuss

1. Die Kartoffeln schälen, waschen, vierteln und in das Garkörbchen legen. Den Kohl waschen, die harten Mittelrippen entfernen, die Blätter in Streifen schneiden und in den Varoma geben.

2. Salz und Wasser in den Mixtopf füllen, Garkörbchen einhängen, Varoma aufsetzen und das Ganze **25 Minuten/Varoma/Rührstufe** dämpfen. Varoma abnehmen, Garkörbchen beiseitestellen. Den Mixtopf ausleeren und abtrocknen.

3. Die Lauchzwiebeln putzen, waschen und grob zerschneiden. In den Mixtopf geben, Messbecher aufsetzen und **5 Sekunden/Stufe 5** zerkleinern. Mit dem Spatel nach unten schieben, 25 g Butter dazugeben und **3 Minuten/100 °C/Stufe 1,5** dünsten.

4. Den Kohl dazugeben und weitere **2 Minuten/100 °C/Stufe 1,5** dünsten. Kartoffeln und Milch einfüllen und alles **6 Sekunden/Stufe 5** nicht zu fein pürieren.

5. Aufstrich mit Salz, Pfeffer und Muskatnuss abschmecken. In eine Schüssel umfüllen und die restliche Butter in Flocken obenauf geben.

INFO: Colcannon ist in Irland ein Muss zu Halloween, aber auch am St. Patrick's Day. Es wurde früher als Hauptgericht gegessen, ist heute aber eher Beilage zu Fleisch oder wird einfach aufs Brot gestrichen.

Lauwarmer Kürbis-Brokkoli-Salat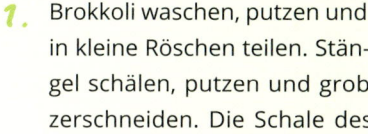

Für 4 Portionen • Pro Portion: 246 kcal, 6 g E, 17 g F, 17 g KH

300 g Brokkoli
300 g Hokkaido- oder
    Butternut-Kürbis
50 g getrocknete Cranberrys
1 l Wasser
1 Orange
2 EL Olivenöl
Salz, Pfeffer
50 g Walnusskerne
30 g Rucola

1. Brokkoli waschen, putzen und in kleine Röschen teilen. Stängel schälen, putzen und grob zerschneiden. Die Schale des Hokkaido-Kürbisses säubern (sie wird mitverwendet), den Butternut-Kürbis dünn abschälen. Die Kerne entfernen und das Fruchtfleisch in Würfel schneiden.

2. Die Brokkolistängel in den Mixtopf geben, Messbecher aufsetzen und **4 Sekunden/Stufe 5** zerkleinern. Ins Garkörbchen geben und die Brokkoliröschen obenauf legen. Kürbis und Cranberrys in den Varoma geben.

3. Wasser in den Mixtopf füllen, Garkörbchen einhängen und Varoma aufsetzen. Gemüse in **20 Minuten/Varoma/Rührstufe** weich garen.

4. In der Zwischenzeit die Orange auspressen und in einer großen Schüssel aus Orangensaft, Olivenöl, Salz und Pfeffer mit dem Schneebesen ein cremiges Dressing anrühren.

5. Die Walnüsse hacken und in einer beschichteten Pfanne ohne Fett rösten. Rucola waschen, verlesen und mit Küchenkrepp trocken tupfen.

6. Brokkoli, Kürbis, Cranberrys und Rucola zum Dressing geben und behutsam vermischen. Salat auf 4 Teller verteilen und lauwarm mit den Walnüssen bestreut servieren.

Kürbishummus

Für 4 Portionen • Pro Portion: 180 kcal, 6 g E, 11 g F, 14 g KH

300 g Hokkaido-Kürbis

250 ml Wasser

1 Dose Kichererbsen (ca. 265 g Abtropfgewicht)

2 Knoblauchzehen

2 Stängel glatte Petersilie oder Koriander

1 EL Sesammus (Tahini)

1 TL gemahlene Kurkuma

2 EL Oliven- oder Sesamöl

Salz, Pfeffer

etwas Zitronensaft

1. Die Kürbisschale mit einem feuchten Tuch abreiben. Kerne entfernen, Fruchtfleisch mit Schale in Würfel schneiden und in das Garkörbchen legen. Wasser in den Mixtopf füllen, Garkörbchen einhängen und Kürbis mit Messbecher abgedeckt **15 Minuten/Varoma /Rührstufe** dämpfen.

2. Die Kichererbsen durch ein Sieb abgießen, kalt abbrausen und gut abtropfen lassen. Nach Belieben 2 EL Kichererbsen zum Garnieren beiseitestellen. Die Knoblauchzehen schälen. Petersilie oder Koriander waschen, trocken tupfen, die Blätter von den Stängeln zupfen und hacken. Garkörbchen abnehmen und beiseitestellen, Mixtopf ausleeren.

3. Kichererbsen, Kürbis, Knoblauch, Sesammus, Kurkuma und 1 EL Olivenöl in den Mixtopf geben und **25 Sekunden/Stufe 5–8** ansteigend pürieren. Wenn die Paste ganz fein werden soll, noch 10 Sekunden länger pürieren.

4. Hummus mit Salz, Pfeffer und Zitronensaft abschmecken, in eine Schüssel füllen und mindestens 30 Minuten durchziehen lassen.

5. Vor dem Servieren mit dem restlichen Olivenöl beträufeln und mit den beiseitegelegten Kichererbsen und Petersilie bzw. Koriander bestreut servieren.

TIPP: Wer gerne scharf isst, kann etwas Harissa oder Chiliflocken auf seine Portion geben.

Rote-Bete-Hummus

Für 4 Portionen • Pro Portion: 195 kcal, 6 g E, 9 g F, 21 g KH

300 g frische Rote Bete

2 Knoblauchzehen

1 Dose Kichererbsen (ca. 265 g Abtropfgewicht)

1 Orange (am besten Blutorange)

2 TL Kümmel

2 EL Olivenöl

Salz, Pfeffer

2 Stängel glatte Petersilie

1. Die Rote Bete mit einem Sparschäler schälen, putzen und grob würfeln. Ziehen Sie dazu Einmalhandschuhe an, der rote Farbstoff färbt ziemlich intensiv.

2. Die Knoblauchzehen schälen. Die Kichererbsen durch ein Sieb abgießen, kalt abbrausen und gut abtropfen lassen. Die Orange auspressen.

3. Die Rote Bete mit dem Knoblauch in den Mixtopf geben, den Messbecher aufsetzen und **7 Sekunden/Stufe 6** zerkleinern. Kichererbsen, 1 TL Kümmel, Olivenöl und Orangensaft dazugeben und alles in **25 Sekunden/Stufe 5–9** ansteigend zu einer geschmeidigen Paste verarbeiten.

4. Hummus mit Salz und Pfeffer kräftig abschmecken, in eine Schüssel umfüllen und 30 Minuten durchziehen lassen.

5. Währenddessen die Petersilie waschen, trocken tupfen und die Blätter von den Stängeln zupfen. Hummus mit Petersilie und dem restlichen Kümmel bestreut servieren.

TIPP: **Dazu passt am besten frisches dunkles Brot. Aus Resten des Hummus können Sie mit etwas Gemüsebrühe in 10 Minuten/100 °C/Stufe 2 eine leckere Suppe kochen.**

Linsen-Radicchio-Salat

Für 4 Portionen • Pro Portion: 421 kcal, 22 g E, 26 g F, 29 g KH

2 Stauden Radicchio

35 ml Apfelessig

3 EL Olivenöl

2 Schalotten

250 g Tellerlinsen

1 l Wasser oder Gemüsebrühe

2 Stängel frische Minze

50 g Walnusskerne

100 g Schafskäse

Salz, Pfeffer

1. Den Radicchio putzen, waschen und grob hacken. Mit Essig und 2 EL Olivenöl in den Mixtopf geben und mithilfe des Spatels **3 Sekunden/Stufe 4** zerkleinern. Dann in eine Salatschüssel umfüllen. Den Mixtopf nicht spülen.

2. Schalotten abziehen, halbieren und mit dem restlichen EL Olivenöl in den Mixtopf geben. Messbecher aufsetzen und Schalotten **5 Sekunden/Stufe 5** zerkleinern. Mit dem Spatel nach unten schieben und **3 Minuten/120 °C/Stufe 1,5** dünsten.

3. Die Linsen in ein Sieb geben, kalt abbrausen und mit dem Wasser in den Mixtopf füllen. **30 Minuten/Varoma/Stufe 1 linksdrehend** weich kochen, anschließend durch ein Sieb abgießen, zu den anderen Zutaten in die Salatschüssel geben und vermischen.

4. Die Minze waschen und mit Küchenkrepp trocken tupfen. Die Blätter von den Stängeln zupfen und in Streifen schneiden.

5. Die Walnüsse hacken und nach Belieben in einer beschichteten Pfanne ohne Fett goldgelb rösten.

6. Den Schafskäse in Würfel schneiden.

7. Den Linsen-Radicchio-Salat mit Salz und Pfeffer abschmecken und Minze, Walnüsse und Schafskäse locker unterheben. 15 Minuten durchziehen lassen und lauwarm oder abgekühlt genießen.

INFO: Tellerlinsen sind die bekanntesten und preiswertesten unter den zahlreichen Linsensorten. Einen feineren Geschmack und festeren Biss haben die schwarzen Belugalinsen (Kaviarlinsen) oder grüne Puy-Linsen aus Frankreich. Rote und gelbe Linsen, die wegen ihre kurzen Kochzeit als Beilagen beliebt sind, eignen sich weniger für Salate, da sie schnell breiig werden.

Buchweizen-Salat mit Rosenkohl

Für 4 Portionen • Pro Portion: 428 kcal, 10 g E, 20 g F, 51 g KH

4 Lauchzwiebeln

1 Knoblauchzehe

1 EL Rapsöl

250 g Rosenkohl

200 g Buchweizen

1 l Wasser oder Gemüsebrühe

3 Stängel glatte Petersilie

50 g Walnusskerne

30 ml weißer Balsamessig

2 EL Walnussöl

Salz, Pfeffer

50 g getrocknete Cranberrys

1. Die Lauchzwiebeln putzen, waschen und grob hacken. Den Knoblauch schälen. Beides mit dem Rapsöl in den Mixtopf geben, Messbecher aufsetzen und Gemüse **5 Sekunden/Stufe 5** zerkleinern. Mit dem Spatel nach unten schieben und **3 Minuten/120 °C/Stufe 1,5** dünsten.

2. Den Rosenkohl putzen, waschen und die äußeren Blätter entfernen. Größere Exemplare halbieren. In den Varoma legen.

3. Den Buchweizen in ein Sieb geben und unter heißem Wasser abbrausen. Mit Wasser oder Brühe in den Mixtopf füllen. Den Varoma aufsetzen und das Ganze **35–40 Minuten/Varoma/Stufe 2 linksdrehend** weich kochen.

4. In der Zwischenzeit die Petersilie waschen und mit Küchenkrepp trocken tupfen. Die Blätter von den Stängeln zupfen und hacken.

5. Die Walnüsse hacken und nach Belieben in einer beschichteten Pfanne ohne Fett goldgelb rösten.

6. In einer Salatschüssel aus Essig, Walnussöl, Salz und Pfeffer mit dem Schnee-besen ein cremiges Dressing anrühren. Petersilie und Walnüsse dazugeben.

7. Den Varoma abnehmen und den Rosenkohl mit dem Dressing vermischen. Den Buchweizen durch ein Sieb abgießen und ebenfalls untermischen. Salat mit Salz und Pfeffer abschmecken und 15 Minuten durchziehen lassen.

8. Mit Cranberrys bestreuen und lauwarm oder abgekühlt servieren.

Rotkohlsalat mit Möhren und Granatapfel

Für 4 Portionen • Pro Portion: 169 kcal, 3 g E, 11 g F, 14 g KH

1 Orange
1 Granatapfel
500 g Rotkohl
200 g Möhren
4 Stängel glatte Petersilie
3 EL Nuss- oder Avocadoöl
2 EL Apfelessig
½ TL gemahlener Zimt
Salz, Pfeffer

1. Die Orange auspressen. Den Granatapfel quer halbieren. Mit der Schnittfläche nach unten über eine Schüssel halten und zuerst mit der schmalen, dann mit der flachen Seite eines Kochlöffels kräftig auf die Schale klopfen, sodass die Kerne herausfallen. Mit herausgefallene Trennhäutchen entfernen.

2. Den Rotkohl in Blätter teilen, waschen und die harten Mittelrippen entfernen. Blätter grob hacken. Die Möhren schälen, putzen, waschen und grob in Stücke schneiden. Die Petersilie waschen, trocken schütteln und die Blätter von den Stängeln zupfen.

3. Rotkohl, Möhren und Petersilie in den Mixtopf geben und mithilfe des Spatels **6–8 Sekunden/Stufe 5** zerkleinern.

4. Orangensaft, Öl, Essig, Zimt, Salz und Pfeffer dazugeben und **5 Sekunden/Stufe 3 linksdrehend** untermischen. Salat nochmals mit Salz und Pfeffer abschmecken, auf 4 Teller verteilen und mit den Grantapfelkernen bestreut servieren.

TIPP: **Gut schmecken dazu auch Korinthen, die Sie im Orangensaft 15–20 Minuten einweichen.**

Kartoffel-Sauerkraut-Puffer

Für 4 Portionen • Pro Portion (3 Stück): 322 kcal, 11 g E, 7 g F, 52 g KH

> **400 g Kartoffeln**
> **200 g Äpfel**
> **150 g Weizenmehl (Type 1050)**
> **2 Eier, Größe M**
> **Salz, Pfeffer**
> **400 g Sauerkraut**
> **2 EL Rapsöl**

1. Den Backofen auf 200 °C Ober-/Unterhitze (Umluft 180 °C) vorheizen.

2. Kartoffeln schälen, waschen und vierteln. Äpfel schälen, vierteln, Kerngehäuse entfernen. Beides in den Mixtopf geben und **3 Sekunden/Stufe 5** zerkleinern. Mit dem Spatel nach unten schieben.

3. Mehl, Eier, Salz und Pfeffer dazugeben und **5 Sekunden/Stufe 4 linksdrehend** vermischen.

4. Das Sauerkraut gut abtropfen lassen, mit einer Gabel zerpflücken, zum Teig geben und **10 Sekunden/Stufe 2 linksdrehend** unterrühren. Dann Teig in eine Schüssel umfüllen.

5. Ein Backblech mit etwas Öl bepinseln. Aus dem Teig 12 Puffer von etwa 10 cm Durchmesser formen, auf das Backblech legen und mit dem restlichen Öl bestreichen. Im Ofen 20–25 Minuten goldgelb backen, dabei nach der Hälfte der Zeit einmal wenden.

Quinoasalat mit Roter Bete und Orangen

Für 4 Portionen • Pro Portion: 516 kcal, 14 g E, 27 g F, 54 g KH

250 g helle Quinoa

400 ml Wasser oder Gemüsebrühe

1 Zitrone

40 ml Olivenöl

Salz, Pfeffer

40 g Walnusshälften

2 Orangen

250 g Rote Bete (vorgekocht und vakuumiert)

100 g Schafskäse

40 g Rucola oder Petersilienblätter

1. Die Quinoa in ein Sieb geben und unter fließendem Wasser kalt abbrausen.

2. Wasser in den Mixtopf füllen und in **6 Minuten/100 °C/Rührstufe** zum Kochen bringen. Quinoa dazugeben und **15 Minuten/75 °C/Rührstufe linksdrehend** quellen lassen, bis nahezu alle Flüssigkeit aufgesogen ist.

3. Die Zitrone auspressen. Zitronensaft, Öl, Salz und Pfeffer zur Quinoa geben und **5 Sekunden/Stufe 2,5 linksdrehend** vermischen, im Topf durchziehen lassen.

4. Die Walnusshälften in einer beschichteten Pfanne ohne Fett rösten, bis sie duften.

5. Die Orangen schälen und möglichst viel von der weißen Haut entfernen. In Spalten teilen. (Geübte können die Filets mit einem kleinen scharfen Messer aus den Trennhäutchen lösen.) Die Rote Bete in Scheiben oder Spalten schneiden.

6. Die Quinoa nochmals mit Salz und Pfeffer abschmecken, auf 4 Teller verteilen und mit Orangenspalten und Roter Bete belegen. Den Schafskäse darüberbröseln und Walnüsse darüberstreuen.

7. Rucola waschen, mit Küchenkrepp trocken tupfen und den Salat damit garnieren.

TIPP: **Zu Salaten auf Getreide- oder Pseudogetreidebasis, also mit Quinoa, Amaranth, Buchweizen oder Couscous, können Sie ½ TL gemahlenen Zimt oder gleich Lebkuchengewürz dazugeben. Das gibt gerade an Regentagen garantiert ein angenehm wärmendes Aroma.**

Feldsalat mit Kartoffeldressing

Für 4 Portionen • Pro Portion: 289 kcal, 5 g E, 21 g F, 21 g KH

300 g mehligkochende Kartoffeln

250 ml Wasser

1 Bio-Orange

1 EL scharfer Senf

3 EL Olivenöl

Salz, Pfeffer

150 g Feldsalat

1 säuerlicher Apfel

2 EL Zitronensaft

50 g Walnusskerne oder Pekannüsse

50 g Granatapfelkerne

weißer Essig nach Belieben

1. Die Kartoffeln schälen, waschen, grob zerschneiden und ins Garkörbchen legen. Wasser in den Mixtopf füllen, Garkörbchen einhängen und Kartoffeln **20 Minuten/Varoma/Rührstufe** weich dämpfen.

2. In der Zwischenzeit die Orange heiß waschen und 2 TL Schale fein abraspeln. Die Frucht auspressen.

3. Garkörbchen herausnehmen, Mixtopf ausleeren. Gekochte Kartoffeln, Orangenschale, -saft, Senf, Olivenöl, Salz und Pfeffer in den Topf geben, Messbecher aufsetzen und alles **10 Sekunden/Stufe 6** pürieren. Kartoffeldressing in eine Schüssel umfüllen und etwas durchziehen lassen.

4. In der Zwischenzeit den Feldsalat unter fließendem Wasser waschen, putzen und trocken tupfen. Auf 4 Teller verteilen. Den Apfel heiß waschen, vierteln, Kerngehäuse entfernen und das Fruchtfleisch in Spalten schneiden. Mit Zitronensaft beträufeln und auf dem Salat verteilen.

5. Die Nüsse eventuell in einer beschichteten Pfanne ohne Fett rösten und zusammen mit den Granatapfelkernen über den Salat streuen.

6. Das Kartoffeldressing nochmals mit Salz und Pfeffer und nach Belieben etwas weißem Essig abschmecken und über den Salat löffeln oder getrennt dazu reichen.

TIPP: Das Kartoffeldressing passt auch zu anderen herbstlichen Salatsorten wie Endivie oder Chicorée.

Kürbissalat mit Quinoa

Für 4 Portionen • Pro Portion: 356 kcal, 8 g E, 20 g F, 36 g KH

1 rote Zwiebel

1 Bund Lauchzwiebeln

1 rote Paprikaschote

200 g Möhren

125 g helle Quinoa

500 g Hokkaido-Kürbis

250 ml Wasser

40 g Pinienkerne

2 Stängel glatte Petersilie

4 EL weißer Essig

3 EL Olivenöl

Salz, Pfeffer

1. Die Zwiebel abziehen und vierteln. Die Lauchzwiebeln putzen und waschen. Die weißen Teile grob zerschneiden, das Lauchgrün in Ringe schneiden und beiseitestellen. Die Paprikaschote waschen, putzen und grob zerschneiden. Die Möhren schälen, putzen, waschen und ebenfalls zerschneiden.

2. Rote Zwiebel, weiße Teile der Lauchzwiebeln, Paprika und Möhren in den Mixtopf geben und **6 Sekunden/Stufe 5** zerkleinern. Wenn das Gemüse feiner werden soll, nochmals **2 Sekunden/Stufe 5** zerkleinern. In eine große Schüssel umfüllen. Mixtopf nicht spülen.

3. Die Quinoa in ein Sieb geben und unter fließendem Wasser kalt abbrausen. Die Kürbisschale feucht abreiben, Kerne entfernen und Fruchtfleisch mit der Schale würfeln. Kürbis in den Varoma legen.

4. Wasser in den Mixtopf füllen, Varoma aufsetzen und Kürbis **15 Minuten/Varoma/Rührstufe** dämpfen.

5. Varoma abnehmen und beiseitestellen. Die Quinoa ins heiße Wasser im Mixtopf geben und **15 Minuten/75 °C/Stufe 1 linksdrehend** quellen lassen, bis nahezu alle Flüssigkeit aufgesogen ist.

6. In der Zwischenzeit die Pinienkerne in einer beschichteten Pfanne ohne Fett leicht rösten. Die Petersilie waschen, trocken schütteln und die Blätter von den Stängeln zupfen.

7. Essig, Öl, Salz und Pfeffer in einer Schüssel mit dem Schneebesen zu einem Dressing verrühren. Dressing über das Gemüse in der großen Schüssel gießen und gut untermischen.

8. Kürbis und Quinoa dazugeben, vermischen und den Salat 15 Minuten abkühlen und durchziehen lassen. Mit Lauchröllchen, Petersilie und Pinienkernen bestreut lauwarm servieren.

Kürbissalat mit Kichererbsen

Für 4 Portionen • Pro Portion: 319 kcal, 12 g E, 18 g F, 25 g KH

1 kg Butternut-Kürbis

75 g frischer Spinat

1 l Wasser

1 Dose Kichererbsen (ca. 265 g Abtropfgewicht)

1 gehäufter TL gemahlener Kreuzkümmel oder Koriander

1 EL Rapsöl

40 g Kürbiskerne

1 Orange

2 EL Olivenöl

1 TL Honig

1 TL scharfer Senf

Salz, Pfeffer

1. Kürbis schälen und halbieren. Die Kerne mit einem Löffel entfernen und das Fruchtfleisch in Würfel schneiden. Ins Garkörbchen geben.

2. Spinat waschen, verlesen und abtropfen lassen. In etwa 1 cm breite Streifen schneiden und in den Varoma legen.

3. Wasser in den Mixtopf füllen, Garkörbchen einhängen, Varoma aufsetzen und Gemüse **20 Minuten/Varoma/Rührstufe** dämpfen.

4. In der Zwischenzeit die Kichererbsen durch ein Sieb abgießen, kalt abbrausen und abtropfen lassen.

5. Kreuzkümmel in einer beschichteten Pfanne mit dem Rapsöl vermischen und die Kürbiskerne darin unter Rühren rösten, dann beiseitestellen.

6. Die Orange auspressen. Orangensaft, Olivenöl, Honig, Senf, Salz und Pfeffer in einer Salatschüssel mit dem Schneebesen zu einem Dressing verrühren.

7. Den Varoma abnehmen und beiseitestellen. Die Kürbiswürfel mit dem Dressing vermischen. Spinat und Kichererbsen unterheben und Salat nochmals mit Salz und Pfeffer abschmecken.

8. Mit den Kürbiskernen bestreut lauwarm oder abgekühlt servieren.

TIPP: Kichererbsen müssen nicht unbedingt aus der Dose oder dem Glas kommen. Weichen Sie einfach 150 g getrocknete Kichererbsen über Nacht in kaltem Wasser ein. Dann durch ein Sieb abgießen und mit 500 ml Wasser in den Mixtopf geben. Etwa 1–1 ¼ Stunden bei **90 °C/Stufe 1 linksdrehend** weich kochen. Davon können Sie auch eine doppelte oder dreifache Portion auf Vorrat zubereiten und die nicht benötigte Menge einfrieren.

Blumenkohl-Brokkoli-Salat mit Speck

Für 4 Portionen • Pro Portion: 415 kcal, 13 g E, 36 g F, 10 g KH

50 g Parmesan

400 g Brokkoli

500 g Blumenkohl

1 l Wasser

Salz

100 g Frühstücksspeck

1 EL Rapsöl

1 Zitrone

3 EL Oliven- oder Leinöl

1 EL Sirup (z. B. Ahornsirup)

1 EL scharfer Senf

Pfeffer

½ TL Zucker

bunter Pfeffer aus der Mühle

1. Den Parmesan in Stücke brechen, in den Mixtopf geben, Messbecher aufsetzen und Käse **10 Sekunden/Stufe 8** reiben. Dann in eine Schüssel umfüllen.
2. Brokkoli und Blumenkohl waschen, putzen und in Röschen teilen. Die Stiele – wo nötig – schälen und grob zerschneiden.
3. Brokkoli- und Blumenkohlstiele in den Mixtopf geben und **6 Sekunden/Stufe 5** zerkleinern. In den Varoma umfüllen. Den Mixtopf nicht spülen.
4. Wasser mit etwas Salz in den Mixtopf füllen. Blumenkohlröschen in das Garkörbchen geben und einhängen. Brokkoliröschen auf das zerkleinerte Gemüse in den Varoma legen.
5. Alles zusammen **25 Minuten/Varoma/Rührstufe** weich dämpfen.

6. In der Zwischenzeit den Frühstücksspeck in 3 cm breite Rechtecke schneiden und in einer beschichteten Pfanne im Rapsöl knusprig braten. Auf Küchenkrepp abtropfen lassen.

7. Die Zitrone auspressen. Aus Zitronensaft, Olivenöl, Sirup, Senf, Salz, Pfeffer und Zucker in einer Salatschüssel mit dem Schneebesen ein cremiges Dressing anrühren.

8. Blumenkohl und Brokkoli mit dem Dressing vermischen und 15 Minuten ziehen lassen.

9. Auf 4 Teller verteilen, den Speck obenauf geben und Salat mit Parmesan und buntem Pfeffer bestreut lauwarm oder abgekühlt servieren.

Zwiebelkuchen vom Blech

Für 12 Portionen • Pro Portion: 331 kcal, 11 g E, 19 g F, 30 g KH

250 g Quark (20 % Fett)

4 Eier, Größe M

65 ml Olivenöl

400 g Weizenmehl (Type 550) + etwas zum Bestäuben

2 TL Backpulver

Salz

750 g weiße Zwiebeln

500 ml Wasser

100 g Speckwürfel

300 ml saure Sahne

150 ml Milch

1–2 TL Kümmel

Pfeffer

etwas geriebene Muskatnuss

grober Pfeffer aus der Mühle

1. Quark, 2 Eier, 50 ml Olivenöl, Weizenmehl, Backpulver und 1 Prise Salz in den Mixtopf geben, Messbecher aufsetzen und alles in **2 Minuten/Knetstufe** zu einem glatten Teig kneten.

2. Backpapier im Format des Backblechs zuschneiden, mit etwas Mehl bestäuben und den Teig daraufgeben. Dünn ausrollen und mit dem Backpapier auf das Blech ziehen. Den Mixtopf spülen und abtrocknen.

3. Die Zwiebeln abziehen und vierteln. In 2 Portionen im Mixtopf jeweils **4 Sekunden/Stufe 5** zerkleinern (Messbecher!), dann in den Varoma geben. (Alternativ die Zwiebeln von Hand in Ringe schneiden.) Wasser in den Mixtopf füllen, Varoma aufsetzen und die Zwiebeln **15 Minuten/Varoma/Rührstufe** dämpfen. Varoma abnehmen und beiseitestellen. Mixtopf ausleeren und abtrocknen.

4. Den Backofen auf 180 °C Ober-/Unterhitze (Umluft 160 °C) vorheizen.

5. Während die Zwiebeln dämpfen, die Speckwürfel in einer beschichteten Pfanne im restlichen Öl knusprig braten.

6. Die restlichen beiden Eier, saure Sahne, Milch, Kümmel, Salz, Pfeffer und Muskatnuss in den Mixtopf geben, Messbecher aufsetzen und **15 Sekunden/Stufe 4** verrühren. Die Masse auf dem Teig verstreichen und mit den vorgegarten Zwiebeln belegen. Den Speck darauf verteilen und mit grobem Pfeffer aus der Mühle bestreuen.

7. Zwiebelkuchen im Backofen in 50–60 Minuten goldgelb backen. Anschließend bei abgeschaltetem Backofen 5 Minuten ruhen lassen. Heiß, lauwarm oder kalt genießen.

TIPP: Wer will, kann auch noch ein paar entsteinte schwarze Oliven 10 Minuten vor Ende der Backzeit auf dem Zwiebelkuchen verstreuen.

Kürbis-Flammkuchen

Für 6 Portionen • Pro Portion: 372 kcal, 9 g E, 19 g F, 40 g KH

10 g frische Hefe

4 EL lauwarmes Wasser

250 g Weizenmehl (Type 550)

45 ml Olivenöl

100 ml Joghurt

Salz

750 g Hokkaido-Kürbis

100 g rote Zwiebeln

100 g Quark (20 % Fett)

100 g Crème fraîche

1 EL Zitronensaft

Pfeffer

2 EL Olivenöl zum Bepinseln

1. Die Hefe in eine kleine Schüssel bröseln und mit dem Wasser verrühren.
2. Mehl, Olivenöl, Joghurt, Salz und Hefegemisch in den Mixtopf geben und **3 Minuten/Teigstufe** zu einem glatten Teig verkneten. Teig in eine Schüssel umfüllen und zugedeckt 1 ½–2 Stunden gehen lassen.
3. Den Backofen auf 240 °C Ober-/Unterhitze (Umluft 220 °C) vorheizen.
4. Die Kürbisschale mit einem feuchten Tuch säubern. Kerne entfernen und das Fruchtfleisch in Würfel schneiden. Die Zwiebel abziehen, halbieren und in feine Ringe schneiden.
5. Quark, Crème fraîche, Zitronensaft, Salz und Pfeffer in den Mixtopf geben und **5 Sekunden/Stufe 4** verrühren.
6. Backpapier im Format des Backblechs zurechtschneiden und den Teig darauf dünn ausrollen. Mit dem Backpapier auf das Backblech ziehen und die Quarkcreme darauf verstreichen. Mit Kürbisstücken und Zwiebelringen belegen. Die Kürbisstücke mit Olivenöl bepinseln.
7. Flammkuchen im Ofen auf der 2. Schiene von unten in 10–12 Minuten knusprig backen.

TIPP: **Dazu passt gut Thymian. Einfach die Blättchen von etwa 3 Stängeln vor oder nach dem Backen darüberstreuen.**

Apfel-Flammkuchen mit roten Zwiebeln

Für 6 Portionen • Pro Portion: 336 kcal, 15 g F, 9 g E, 41 g KH

40 g Parmesan

100 ml Buttermilch

10 g frische Hefe

1 TL Zucker

250 g Weizenmehl (Type 550) +
etwas für die Schüssel

2 EL Olivenöl

Salz

150 g Crème fraîche oder Schmand

1 kleine rote Zwiebel

300 g Äpfel

Pfeffer aus der Mühle

1. Den Parmesan in Stücke brechen, in den Mixtopf geben, Messbecher aufsetzen und Käse **10 Sekunden/Stufe 8** reiben. In eine kleine Schüssel umfüllen und beiseitestellen.

2. Buttermilch, Hefe und Zucker in den Mixtopf geben und **2 Minuten/37 °C/Stufe 0,5** verrühren, bis die Hefe aufgelöst ist.

3. Mehl, Olivenöl und Salz dazugeben und alles **2 Minuten/Knetstufe** zu einem Teig verarbeiten. Teig auf die Arbeitsfläche geben und mit den Händen zu einer Kugel formen. In einer bemehlten Schüssel zugedeckt 1–2 Stunden gehen lassen.

4. Den Backofen auf 250 °C Ober-/Unterhitze (Umluft 230 °C) vorheizen. Das Backblech dabei mit im Backofen erhitzen.

5. Backpapier in der Größe des Backblechs zuschneiden und den Teig darauf dünn ausrollen. Dann mit der Crème fraîche bestreichen.

6. Die Zwiebel abziehen, in feine Ringe schneiden und auf der Crème fraîche verteilen. Die Äpfel waschen, die Kerngehäuse mit einem Ausstecher entfernen und die Früchte in etwa ½ cm dicke Scheiben schneiden. Apfelscheiben auf den Flammkuchen geben und mit Parmesan und Pfeffer bestreuen.

7. Das Backblech aus dem Ofen holen, den Flammkuchen mit dem Backpapier darauf ziehen (Vorsicht heiß!) und 12 Minuten im Ofen backen, bis der Rand goldgelb und knusprig ist. Gleich heiß servieren.

TIPP: Genauso gut können Sie den Flammkuchen mit Birnen zubereiten oder – nach Belieben – einige Stücke Gorgonzola darauf verteilen.

Brokkoliquiche mit Schafskäse

Für 6 Portionen • Pro Portion: 419 kcal, 15 g E, 28 g F, 271 g KH

200 g Weizenmehl (Type 550) + etwas für die Arbeitsfläche

100 g Butter in Flocken + etwas für die Form

3 Eier, Größe M

Salz

400 g Brokkoli

1 l Wasser

50 g Pecorino

150 ml saure Sahne oder Schmand

Pfeffer

100 g Schafskäse

1. Mehl, Butter, 1 Ei und 1 Prise Salz in den Mixtopf geben und **15 Sekunden/Stufe 4** vermischen. Auf die bemehlte Arbeitsfläche schütten und rasch mit den Händen eine Teigkugel formen. Teig in Klarsichtfolie packen und 30 Minuten im Kühlschrank ruhen lassen. Den Mixtopf spülen und abtrocknen.

2. Den Brokkoli waschen und in kleine Röschen teilen. Die Stiele schälen und grob zerschneiden. Röschen in den Varoma legen. Die Stiele in den Mixtopf geben, Messbecher aufsetzen, **4 Sekunden/Stufe 5** zerkleinern und ins Garkörbchen geben. Wasser mit etwas Salz in den Mixtopf füllen, Garkörbchen einhängen, Varoma aufsetzen und den Brokkoli **18 Minuten/Varoma/Rührstufe** dämpfen. Varoma und Garkörbchen beiseitestellen. Mixtopf ausleeren und abtrocknen.

3. Den Backofen auf 180 °C Ober-/Unterhitze (Umluft 160 °C) vorheizen.

4. Den Teig in einer gefetteten Quicheform (ca. 26 cm Durchmesser) ausrollen und dabei an den Rändern hochziehen. Brokkolistiele auf dem Teig verteilen.

5. Pecorino in Stücke brechen, in den Mixtopf geben, Messbecher aufsetzen und Käse **10 Sekunden/Stufe 8** reiben. Saure Sahne und die restlichen beiden Eier dazugeben, mit Salz und Pfeffer würzen und **8 Sekunden/Stufe 3** verrühren. Die Eiermasse über die Brokkolistiele gießen.

6. Die Brokkoliröschen in die Eiermasse drücken. Den Schafskäse in Würfel schneiden und darüberstreuen.

7. Quiche im Backofen auf der mittleren Schiene 30–35 Minuten backen, bis der Teig an den Rändern goldgelb ist. Dann im abgeschalteten Ofen noch 5 Minuten ruhen lassen, damit sie fest werden kann.

Rote-Bete-Bratlinge

Für 4 Portionen • Pro Portion (2 Stück): 378 kcal, 16 g E, 9 g F, 57 g KH

250 g Dinkelkörner

500 g frische Rote Bete

½ Zitrone

1–2 Knoblauchzehen

1 TL Backpulver

60 g Kichererbsenmehl

1 TL gemahlener Kreuzkümmel

1 TL gemahlener Koriander

Salz, Pfeffer

2 EL Olivenöl

1. Dinkelkörner in den Mixtopf geben und mit aufgesetztem Messbecher **30 Sekunden/Stufe 10** schroten. In eine Schüssel umfüllen.

2. Die Rote Bete schälen und grob zerschneiden. (Die Hände mit Einmalhandschuhen schützen, sie bleiben sonst lange rot!) Die Zitrone auspressen.

3. Rote Bete und Zitronensaft in den Mixtopf geben und **7 Sekunden/Stufe 5** zerkleinern. Den Knoblauch schälen und durch eine Knoblauchpresse dazudrücken.

4. Dinkelschrot, Backpulver, Kichererbsenmehl und Gewürze dazugeben und alles **8 Sekunden/Stufe 4** vermischen. Teig in eine Schüssel umfüllen und 15 Minuten quellen lassen.

5. Den Backofen auf 180 °C Ober-/Unterhitze (Umluft 160 °C) vorheizen. Ein Backblech mit Backpapier auslegen.

6. Den Teig in der Schüssel nochmals durchkneten und mit feuchten Händen 8 Bratlinge formen. Diese auf das Backpapier legen und mit Olivenöl bepinseln. 30 Minuten im Ofen braten, dabei nach der Hälfte der Zeit einmal wenden.

TIPP: Dazu können Nichtveganer einfach 250 g gesalzenen Joghurt (am besten griechischen mit 10 % Fett) reichen oder – etwas raffinierter – den Joghurt mit 2 EL ungesüßter Sesampaste (Tahini) und etwas Zitronensaft verfeinern.

Kürbismuffins

Für 12 Portionen • Pro Portion: 136 kcal, 7 g E, 11 g F, 3 g KH

400 g Hokkaido-Kürbis

1 Zwiebel

2 EL Olivenöl

75 g Cheddarkäse

4 Eier, Größe M

75 ml fettarmer Joghurt

50 g gemahlene Mandeln

1 TL Backpulver

Salz, Pfeffer

ggf. etwas Fett für das Blech

50 g Kürbiskerne nach Belieben

2 Stängel frisches Basilikum

1. Den Backofen auf 180 °C Ober-/Unterhitze (Umluft 160 °C) vorheizen.

2. Die Kürbisschale waschen, denn sie wird mitverwendet. Kürbis entkernen und grob in Stücke schneiden. Die Zwiebel abziehen und vierteln.

3. Zwiebel in den Mixtopf geben, Messbecher aufsetzen und **5 Sekunden/Stufe 5** zerkleinern. Das Öl dazugeben und Zwiebel **3 Minuten/120 °C/Stufe 1,5** dünsten. Kürbis dazugeben und **2 Sekunden/Stufe 5** grob zerkleinern.

4. Cheddarkäse in ½ cm große Würfel schneiden und zusammen mit den Eiern, Joghurt, gemahlenen Mandeln, Backpulver, Salz und Pfeffer in den Mixtopf geben. **30 Sekunden/Stufe 3** gut vermischen.

5. Das Muffinblech mit Papierförmchen auslegen oder einfetten. Den Teig gleichmäßig in die Förmchen verteilen, nach Belieben mit Kürbiskernen bestreuen und ca. 20 Minuten im Ofen backen, bis die Oberfläche goldgelb ist. Muffins in den Formen abkühlen lassen.

6. Basilikum waschen, trocken schütteln, die Blätter von den Stängeln zupfen und auf die Muffins stecken.

Suppen

Kürbis-Apfel-Suppe

Für 4 Portionen • Pro Portion: 228 kcal, 7 g E, 12 g F, 23 g KH

750 g Hokkaido-Kürbis

1 Zwiebel

2 säuerliche Äpfel

1 EL Rapsöl

700 ml Gemüsebrühe

1 TL gemahlene Kurkuma

40 g Kürbiskerne

15 g Zucker

50 ml Apfelsaft

Salz, Pfeffer

1–2 EL Zitronensaft

1. Die Kürbisschale säubern, denn sie wird mitverwendet. Die Kürbiskerne entfernen und das Fruchtfleisch grob zerschneiden. Die Zwiebel abziehen und vierteln. 1 Apfel waschen, vierteln und das Kerngehäuse entfernen.

2. Zwiebel und Apfelspalten mit dem Öl in den Mixtopf geben, Messbecher aufsetzen und **4 Sekunden/Stufe 5** zerkleinern. Mit dem Spatel nach unten schieben und **4 Minuten/120 °C/Stufe 1** dünsten.

3. Gemüsebrühe, Kürbisstücke und Kurkuma dazugeben und **15 Minuten/100 °C/Stufe 0,5** weich kochen.

4. Den zweiten Apfel schälen und mit einem Ausstecher das Kerngehäuse entfernen. Apfel in etwa ½ cm breite Ringe schneiden.

5. Die Kürbiskerne in einer großen beschichteten Pfanne ohne Fett rösten und beiseitestellen.

6. Den Zucker in die heiße Pfanne geben, schmelzen lassen und die Apfelringe darauf verteilen. Wenn sie braun zu werden beginnen, behutsam wenden und anschließend mit dem Apfelsaft ablöschen.

7. Die Suppe **40 Sekunden/Stufe 6–8** ansteigend pürieren. Mit Salz, Pfeffer und Zitronensaft abschmecken, auf 4 Teller verteilen und mit den karamellisierten Äpfeln und den Kürbiskernen bestreut servieren.

TIPP: Wenn es mal ganz schnell gehen soll, beide Äpfel unter Punkt 2 mit Zwiebel und Zucker dünsten. Sieht nicht so schön aus, schmeckt aber genauso lecker.

Kürbis-Quitten-Suppe

Für 4 Portionen • Pro Portion: 218 kcal, 3 g E, 14 g F, 19 g KH

500 g Hokkaido-Kürbis
1 Quitte (ca. 250 g)
1 Zwiebel
2 EL Rapsöl
700 ml Gemüsebrühe
1 TL Paprikapulver, edelsüß
** oder rosenscharf**
200 ml Apfelsaft
1 Stängel glatte Petersilie
Salz, Pfeffer
4 Walnusshälften

1. Die Kürbisschale mit einem feuchten Tuch säubern, denn sie wird mitverwendet. Die Kürbiskerne entfernen und das Fruchtfleisch grob würfeln. Die Quitte mit einem Schwammtuch reinigen und dabei den Flaum gründlich entfernen. Die Quitte vierteln, entkernen und ebenfalls grob würfeln.

2. Die Zwiebel abziehen und vierteln. Mit dem Öl in den Mixtopf geben, Messbecher aufsetzen und Zwiebel **5 Sekunden/Stufe 5** zerkleinern. Mit dem Spatel nach unten schieben und **3 Minuten/120 °C/Stufe 1,5** dünsten. Kürbis- und Quittenwürfel dazugeben und weitere **2 Minuten/120 °C/Stufe 2** dünsten.

3. Die Gemüsebrühe angießen, Paprikapulver einstreuen und das Ganze **20 Minuten/100 °C/Stufe 2** zugedeckt kochen.

4. Den Apfelsaft dazugießen und die Suppe **1 Minute/Stufe 8** fein pürieren. Die Petersilie waschen, trocken tupfen und die Blätter vom Stängel zupfen.

5. Die Suppe mit Salz und Pfeffer abschmecken und nochmals **1–2 Minuten/100 °C/Stufe 2** aufkochen lassen. Auf 4 Teller verteilen und mit Petersilie und Walnusshälften garniert servieren.

TIPP: Weniger herb als mit Quitte können Sie die Suppe auch mit Mango zubereiten. Diese Variante ist schon in 15 Minuten gar.

Kürbissuppe mit Kidneybohnen

Für 4 Portionen • Pro Portion: 153 kcal, 7 g E, 4 g F, 17 g KH

600 g Hokkaido-Kürbis
1 Zwiebel
½ TL gemahlener Zimt
800 ml Gemüsebrühe
250 g Fleischtomaten
1 kleine Dose Kidneybohnen
  (ca. 200 g Abtropfgewicht)
2 Stängel Dill
Salz, Pfeffer

1. Die Kürbisschale mit einem feuchten Tuch säubern, denn sie wird mitverwendet. Die Kürbiskerne entfernen und das Fruchtfleisch grob zerschneiden. Die Zwiebel abziehen und vierteln.

2. Die Zwiebel in den Mixtopf geben, Messbecher aufsetzen und Zwiebel **5 Sekunden/Stufe 5** zerkleinern. Mit dem Spatel nach unten schieben, die Kürbisstücke dazugeben und **3 Sekunden/Stufe 4** zerkleinern.

3. Zimt und Gemüsebrühe in den Mixtopf geben und alles **12 Minuten/100 °C/ Stufe 1 linksdrehend** kochen.

4. In der Zwischenzeit die Tomaten waschen, vierteln, Stielansätze und Kerne entfernen und das Fruchtfleisch würfeln. Die Kidneybohnen in ein Sieb geben, kalt abbrausen und gut abtropfen lassen. Den Dill waschen, mit Küchenkrepp trocken tupfen, die Blätter von den Stängeln zupfen und fein hacken.

5. Tomaten und Kidneybohnen zur Suppe geben, mit dem Spatel unterheben und **5 Minuten/100 °C/Stufe 2 linksdrehend** erwärmen.

6. Suppe mit Salz und Pfeffer abschmecken, auf 4 Teller verteilen und mit Dill bestreut servieren.

TIPP: Mit ihrem süßlich-scharfen Aroma passen rosa Pfefferbeeren gut dazu. 1 TL davon im Mörser oder auf der Arbeitsfläche zerdrücken und mit den Kidneybohnen zur Suppe geben.

Kürbissuppe mit Pak Choi

Für 4 Portionen • Pro Portion: 218 kcal, 7 g E, 17 g F, 10 g KH

1 Zwiebel
1 Knoblauchzehe
150 g Möhren
1 kleiner Hokkaido-Kürbis (ca. 600 g)
3 EL Rapsöl
800 ml Gemüsebrühe
½ TL gemahlener Kreuzkümmel
½ TL gemahlener Koriander
2 Pak Choi
4 EL Kürbiskerne
Salz, Pfeffer
etwas Zitronensaft nach Belieben

1. Zwiebel abziehen und vierteln. Die Knoblauchzehe schälen. Die Möhren schälen, waschen, putzen und grob zerschneiden. Den Kürbis heiß waschen (die Schale wird mitverwendet), die Kerne entfernen und das Fruchtfleisch grob zerschneiden.

2. Zwiebel und Knoblauch in den Mixtopf geben, Messbecher aufsetzen und Gemüse **5 Sekunden/Stufe 5** zerkleinern. Mit dem Spatel nach unten schieben, 1 EL Öl dazugeben und **3 Minuten/120 °C/Stufe 1,5** dünsten.

3. Möhren und Kürbis dazugeben, die Brühe angießen und alles mit Kreuzkümmel und Koriander würzen. Gemüse in **20 Minuten/100 °C/Stufe 2** weich kochen. Garkörbchen dabei als Spritzschutz aufsetzen!

4. In der Zwischenzeit den Pak Choi in Blätter teilen und waschen. Die Stiele quer in Streifen schneiden.

5. Die Kürbiskerne in einer großen beschichteten Pfanne (der Pak Choi soll später darin Platz haben) ohne Fett rösten, herausnehmen und beiseitestellen.

6. Das restliche Öl in die Pfanne gießen und zuerst die Pak-Choi-Stiele glasig dünsten, dann die Blätter dazugeben und kurz von beiden Seiten anbraten. Pak Choi aus der Pfanne nehmen und auf Küchenkrepp abtropfen lassen.

7. Die Suppe **40 Sekunden/Stufe 6–8** ansteigend fein pürieren und mit Salz, Pfeffer und nach Belieben mit Zitronensaft abschmecken.

8. In 4 tiefe Teller füllen, den Pak Choi darauf verteilen und die Kürbiskerne darüberstreuen.

TIPP: **Sehr passend dazu: einige Tropfen Kürbiskernöl auf die Suppe träufeln (Vorsicht, färbt!). Das »grüne Gold« ist gesund und schmeckt wunderbar nussig.**

INFO: **Pak Choi, Paksoi oder Pak Choy heißt bei uns auch Senfkohl oder Blätterkohl. Er ist ganz eng verwandt mit dem Chinakohl, schmeckt aber viel zarter und nur ganz mild nach Kohl. Er ähnelt optisch dem heimischen Mangold und kann auch wie dieser zubereitet werden.**

Selleriecreme mit Apfel

Für 4 Portionen • Pro Portion: 196 kcal, 5 g E, 14 g F, 11 g KH

650 g Knollensellerie

100 g Staudensellerie

1 Zwiebel

1 EL Rapsöl

800 ml Gemüsebrühe

1 kleiner roter Apfel

1 EL Zitronensaft

1 EL Pinienkerne

1 Stängel glatte Petersilie

100 g Soja Cuisine

Salz, Pfeffer

1. Den Knollensellerie putzen, waschen und grob zerteilen. Staudensellerie eventuell dünn abschälen, waschen und putzen. Die Hälfte davon in dünne Ringe schneiden und beiseitestellen. Den Rest grob zerschneiden. Die Zwiebel abziehen und vierteln.

2. Die Zwiebel mit dem Rapsöl in den Mixtopf geben, Messbecher aufsetzen und Zwiebel **5 Sekunden/Stufe 5** zerkleinern. Mit dem Spatel nach unten schieben und **3 Minuten/120 °C/Stufe 1,5** dünsten.

3. Die beiden Sellerie und Gemüsebrühe dazugeben und Gemüse mit dem Garkörbchen bedeckt in **17 Minuten/100 °C/Stufe 2** weich kochen.

4. In der Zwischenzeit den Apfel heiß waschen, vierteln und das Kerngehäuse entfernen. In Schnitze schneiden und mit Zitronensaft beträufeln, damit die Schnittstellen nicht braun werden.

5. Die Pinienkerne in einer beschichteten Pfanne ohne Fett goldgelb rösten und beiseitestellen. Die Petersilie waschen, trocken tupfen und die Blätter von den Stängeln zupfen. (Sie können auch schöne Blätter des Staudenselleries verwenden.)

6. Die Hälfte der Soja Cuisine zur Suppe geben und das Ganze **40 Sekunden/Stufe 6–8** ansteigend fein pürieren. Mit Salz und Pfeffer abschmecken.

7. Selleriecreme auf 4 tiefe Teller verteilen, die restliche Soja Cuisine in die Mitte geben, Suppe mit den Pinienkernen bestreuen und mit den Apfelspalten, den Sellerieringen und der Petersilie garniert servieren.

Sahnige Pilzsuppe

Für 4 Portionen • Pro Portion: 243 kcal, 5 g E, 23 g F, 4 g KH

500 g Pilze nach Marktlage (z. B. Pfifferlinge, Steinpilze,
  braune Champignons)
1 Zwiebel
1 Knoblauchzehe
1 EL Olivenöl
800 ml Gemüsebrühe
2 Stängel glatte Petersilie
1 EL Butter
Salz, Pfeffer
etwas Zitronensaft
150 ml Schlagsahne oder Crème fraîche

1. Pilze behutsam putzen und mit Küchenkrepp abreiben. Einige schöne Exemplare zum Garnieren beiseitelegen.
2. Die Zwiebel abziehen und vierteln. Knoblauchzehe schälen. Beides mit dem Öl in den Mixtopf geben, Messbecher aufsetzen und Gemüse **5 Sekunden/Stufe 5** zerkleinern. Mit dem Spatel nach unten schieben und **3 Minuten/120 °C/Stufe 1,5** dünsten.
3. Pilze mit der Gemüsebrühe dazugeben und **16 Minuten/100 °C/Stufe 1** weich kochen. Garkörbchen dabei als Spritzschutz aufsetzen.
4. In der Zwischenzeit die Petersilie waschen, mit Küchenkrepp trocken tupfen, die Blätter von den Stängeln zupfen und hacken.
5. Butter in einer beschichteten Pfanne stark erhitzen und die beiseitegelegten Pilze darin kräftig anbraten.
6. Die Suppe **10 Sekunden/Stufe 7** nicht zu fein pürieren und mit Salz, Pfeffer und Zitronensaft pikant abschmecken. Die Sahne mit dem Spatel einrühren und das Ganze nochmals **2 Minuten/100 °C/Stufe 2** erwärmen.
7. Suppe auf 4 Teller verteilen, die gebratenen Pilze in die Mitte setzen und Petersilie darüberstreuen.

TIPP: Für ein stärkeres Pilzaroma können Sie 15 g getrocknete Pilze (Steinpilze oder Pilzmischung) in 250 ml kochendem Wasser einweichen. Dann zusammen mit den frischen Pilzen in den Mixtopf geben und mit nur noch 550 ml Gemüsebrühe aufgießen.

Klare Pilzsuppe

Für 4 Portionen • Pro Portion: 151 kcal, 6 g E, 11 g F, 7 g KH

15 g getrocknete Pilze (z. B. Steinpilze oder
   gemischte Pilze)

100 ml lauwarmes Wasser

250 g weiße oder braune Champignons

250 g Pfifferlinge, Kräuterseitlinge oder Steinpilze

1 Zwiebel

1 Knoblauchzehe

2 EL Rapsöl

250 g Möhren

650 ml Gemüsebrühe

4 Zweige Thymian

Salz, Pfeffer

1. Die getrockneten Pilze in den Mixtopf geben, Messbecher aufsetzen und **10 Sekunden/Stufe 8** zerkleinern. In eine Schüssel umfüllen und im lauwarmen Wasser einweichen.

2. Die Champignons und Pilze putzen, mit Küchenkrepp behutsam säubern und in mundgerechte Stücke schneiden.

3. Die Zwiebel abziehen und vierteln. Die Knoblauchzehe schälen. Beides zusammen mit dem Öl in den Mixtopf geben, Messbecher aufsetzen und **5 Sekunden/Stufe 5** zerkleinern. Mit dem Spatel nach unten schieben und den Vorgang wiederholen. Dann Gemüse **3 Minuten/120 °C/Stufe 1,5** dünsten.

4. Die Möhren schälen, putzen und grob zerschneiden. In den Mixtopf geben und **2 Sekunden/Stufe 5** zerkleinern.

5. Die Brühe und die eingeweichten Pilze mit Einweichwasser angießen und alles in **8 Minuten/100 °C/Stufe 1** zum Kochen bringen. Die geschnittenen Pilze dazugeben und **18 Minuten/85 °C/Stufe 1 linksdrehend** garen.

6. Thymian waschen, mit Küchenkrepp trocken tupfen und die Blätter gegen die Wuchsrichtung von den Stängeln streifen.

7. Die Suppe mit Salz und Pfeffer abschmecken, auf 4 Teller verteilen und mit dem Thymian bestreut servieren.

Topinambursuppe

Für 4 Portionen • Pro Portion: 287 kcal, 5 g E, 25 g F, 9 g KH

600 g Topinambur
1 Zwiebel
30 g Butter
800 ml Gemüsebrühe
1 Zweig Rosmarin
1 EL Rapsöl
Salz, Pfeffer
gemahlener Koriander nach Belieben
150 ml Schlagsahne oder Crème fraîche

1. Die Topinamburen schälen und waschen. Von 1–2 Knollen pro Portion 5 dünne Scheiben abschneiden und beiseitelegen. Die restlichen Knollen grob zerschneiden.

2. Die Zwiebel schälen und vierteln. Die Butter in den Mixtopf geben und **1 Minute/100 °C/Stufe 1** schmelzen lassen. Zwiebel dazugeben und mit aufgesetztem Messbecher **5 Sekunden/Stufe 5** zerkleinern. Mit dem Spatel nach unten schieben und **3 Minuten/100 °C/Stufe 1,5** dünsten.

3. Topinamburen, Brühe und gewaschenen Rosmarinzweig dazugeben und Gemüse in **15 Minuten/100 °C/Stufe 1** weich kochen. Den Gareinsatz dabei als Spritzschutz aufsetzen.

4. In der Zwischenzeit das Öl in einer beschichteten Pfanne erhitzen. Die beiseitegelegten Topinamburscheiben mit einem Küchenkrepp trocken tupfen und in der Pfanne von beiden Seiten zu knusprigen Chips braten. Auf Küchenkrepp abtropfen lassen.

5. Den Rosmarinzweig entfernen und die Suppe **45 Sekunden/Stufe 7** fein pürieren.

6. Mit Salz, Pfeffer und eventuell gemahlenem Koriander abschmecken.

7. Die Sahne mit dem Spatel einrühren und Suppe nochmals **2 Minuten/100 °C/Stufe 2** erhitzen. Auf 4 Teller verteilen und mit den Topinamburchips bestreut servieren.

TIPP: Die Sahne in der Suppe macht sich besonders fein, wenn Sie sie – bevor Sie mit der Suppenzubereitung beginnen – im Mixer ca. **2 Minuten/Stufe 3** (mit Schmetterling) halbsteif schlagen. Vor dem Servieren auf die Teller verteilen und die Suppe darüberschöpfen.

Rosenkohlsuppe mit Möhren und Ingwer

Für 4 Portionen • Pro Portion: 292 kcal, 7 g E, 21 g F, 13 g KH

- 500 g Rosenkohl
- 200 g Möhren
- 1 große Zwiebel
- 1 Stück Ingwer (etwa walnussgroß)
- 2 EL Rapsöl
- 800 ml Gemüsebrühe
- 40 g Pinienkerne
- 100 ml Soja Cuisine
- Salz, Pfeffer
- etwas Zitronensaft

1. Den Rosenkohl waschen und putzen. Größere Exemplare halbieren. In das Garkörbchen geben. Die Möhren schälen, putzen, waschen, in etwa ½ cm breite Scheiben schneiden und in den Varoma legen. Die Zwiebel abziehen und vierteln. Den Ingwer schälen und grob zerschneiden.

2. Zwiebel und Ingwer mit dem Öl in den Mixtopf geben, den Messbecher aufsetzen und Gemüse **5 Sekunden/Stufe 5** zerkleinern. Mit dem Spatel nach unten schieben und **3 Minuten/120 °C/Stufe 1,5** dünsten. Die Gemüsebrühe angießen.

3. Garkörbchen einsetzen, Varoma aufsetzen und das Ganze **20 Minuten/Varoma/Stufe 1** garen.

4. In der Zwischenzeit die Pinienkerne in einer beschichteten Pfanne ohne Fett hellgelb rösten.

5. Varoma abnehmen und beiseitestellen. Das Garkörbchen herausnehmen, ⅔ des Rosenkohls in den Mixtopf geben und den Rest beiseitestellen. Die Soja Cuisine angießen, den Messbecher aufsetzen und die Suppe **20 Sekunden/Stufe 5–8** ansteigend nicht zu fein pürieren. Mit Salz, Pfeffer und etwas Zitronensaft abschmecken.

6. Die Möhren und den restlichen Rosenkohl in den Topf geben und noch **2 Minuten/120 °C/Stufe 1 linksdrehend** erwärmen. Suppe in 4 tiefen Tellern anrichten und mit den Pinienkernen bestreut servieren.

TIPP: Orangenaroma passt gut zum Rosenkohl. Vor dem Pürieren etwas abgeriebene Schale einer Bio-Orange dazugeben und am Ende mit Orangensaft abschmecken.

Pastinakencreme mit Pfifferlingen

Für 4 Portionen • Pro Portion: 316 kcal, 10 g E, 17 g F, 30 g KH

1 EL Koriandersaat

4 Schalotten

1 EL Rapsöl

500 g Pastinaken

½ Zitrone

1 säuerlicher Apfel (z. B. Braeburn)

800 ml Milch

200 g Pfifferlinge

2–3 Zweige Thymian

25 g Butter

Salz, Pfeffer

1. Die Koriandersaat in den Mixtopf geben, Messbecher aufsetzen und **20 Sekunden/Stufe 10** schroten. In eine Schüssel umfüllen und beiseitestellen.

2. Die Schalotten abziehen und halbieren. Mit dem Rapsöl in den Mixtopf geben und mit aufgesetztem Messbecher **5 Sekunden/Stufe 5** zerkleinern. Mit dem Spatel nach unten schieben und **3 Minuten/120 °C/Stufe 1,5** dünsten.

3. Die Pastinaken schälen, putzen und grob in Stücke schneiden. Die Zitrone auspressen. Den Apfel schälen, vierteln, das Kerngehäuse entfernen und das Fruchtfleisch mit etwas Zitronensaft beträufeln. (Der restliche Zitronensaft ist zum Abschmecken.)

4. Pastinaken, Apfel und die Hälfte des Korianders in den Mixtopf geben und **6 Sekunden/Stufe 5** zerkleinern. Die Milch dazugießen, Garkörbchen als Spritzschutz aufsetzen und das Ganze in **12 Minuten/100 °C/Stufe 2** weich kochen.

5. Die Pfifferlinge währenddessen behutsam mit einer weichen Bürste reinigen und putzen. Den Thymian waschen, mit Küchenkrepp trocken tupfen und die Blättchen gegen die Wuchsrichtung von den Stängeln streifen.

6. Die Butter in einer beschichteten Pfanne erhitzen und die Pfifferlinge mit dem Thymian darin scharf anbraten.

7. Die Suppe **30 Sekunden/Stufe 8** pürieren und mit Salz, Pfeffer und Zitronensaft pikant abschmecken. Auf 4 Teller verteilen, die Pfifferlinge in die Mitte geben und den restlichen Koriander darüberstreuen.

TIPP: Würzig schmecken dazu ein paar Tropfen Lein- oder Nussöl. Über jede Portion etwa 1 TL träufeln.

Petersilienwurzelsuppe mit Haselnüssen

Für 4 Portionen • Pro Portion: 233 kcal, 5 g E, 19 g F, 9 g KH

300 g Petersilienwurzeln

1 Zwiebel

½ Salatgurke

2 EL Rapsöl

700 ml Gemüsebrühe

2 Stängel glatte Petersilie

50 g gehackte Haselnüsse

200 ml Mandelmilch, ungesüßt

Salz, Pfeffer

1. Petersilienwurzeln schälen, putzen und grob in Stücke schneiden. Die Zwiebel abziehen und vierteln. Die Salatgurke schälen, längs halbieren, die Kerne herauskratzen und das Fruchtfleisch grob in Stücke schneiden.

2. Zwiebel und Öl in den Mixtopf geben, Messbecher aufsetzen und Zwiebel **5 Sekunden/Stufe 5** zerkleinern. Mit dem Spatel nach unten schieben und **3 Minuten/120 °C/Stufe 1,5** dünsten. Die Petersilienwurzeln dazugeben, **3 Sekunden/Stufe 5** zerkleinern und **2 Minuten/120 °C/Stufe 1,5** dünsten.

3. Die Gurke dazugeben und die Brühe angießen. Alles zugedeckt **18 Minuten/100 °C/Stufe 1** kochen, bis die Petersilienwurzeln weich sind.

4. In der Zwischenzeit die Petersilie waschen, mit Küchenkrepp trocken tupfen, die Blätter von den Stielen zupfen und hacken. Die Haselnüsse nach Belieben in einer beschichteten Pfanne ohne Fett goldgelb rösten und beiseitestellen.

5. Die Suppe **30 Sekunden/Stufe 8** fein pürieren. Die Mandelmilch angießen und alles zusammen noch einmal **1 Minute/100 °C/Stufe 3** aufkochen lassen. Mit Salz und Pfeffer abschmecken.

6. Auf 4 Teller verteilen, mit den Haselnüssen bestreuen und mit Petersilie garniert servieren.

TIPP: Eine würzige Note geben für Nichtveganer 8 Scheiben Bacon, die in einer beschichteten Pfanne mit ganz wenig Fett knusprig gebraten und zum Schluss auf die Suppe gelegt werden.

Süßkartoffelsuppe

Für 4 Portionen • Pro Portion: 362 kcal, 6 g E, 22 g F, 34 g KH

1 Zwiebel
2 Knoblauchzehen
1 Stück Ingwer (etwa walnussgroß)
500 g Süßkartoffeln
2 EL Rapsöl
1 getrocknete rote Chilischote
1 Sternanis nach Belieben
½ TL gemahlener Zimt
700 ml Gemüsebrühe
1 kleine Dose Kokosmilch (ca. 200 ml)
Salz, Pfeffer
1–2 EL Zitronensaft
2 EL Kürbiskerne oder Sesamsaat

1. Die Zwiebel abziehen und vierteln. Die Knoblauchzehen und den Ingwer schälen. Die Süßkartoffeln schälen, waschen und grob würfeln.

2. Zwiebel, Knoblauch und Ingwer in den Mixtopf geben, Messbecher aufsetzen und Gemüse **5 Sekunden/Stufe 5** zerkleinern. Mit dem Spatel nach unten schieben und den Vorgang wiederholen. Das Öl dazugeben und Gemüse **3 Minuten/120 °C/Stufe 1,5** dünsten.

3. Süßkartoffeln, Chilischote, Sternanis und Zimt dazugeben, die Brühe angießen und das Ganze zugedeckt **15 Minuten/100 °C/Stufe 2 linksdrehend** weich kochen.

4. Chilischote und Sternanis entfernen und die Suppe **45 Sekunden/Stufe 7–8** ansteigend fein pürieren.

5. Die Kokosmilch mit dem Spatel einrühren und die Suppe mit Salz, Pfeffer und Zitronensaft abschmecken. Nochmals **2 Minuten/100 °C/Stufe 2** erhitzen, auf 4 Teller verteilen und mit Kürbiskernen oder Sesamsaat bestreut servieren.

TIPP: Kürbiskerne oder Sesamsaat können Sie zuvor in einer beschichteten Pfanne ohne Fett rösten – das hebt ihr Aroma. Auch Rote Beeren oder Thymian obenauf sorgen für Abwechslung.

Brokkolisuppe mit Kürbiskernöl

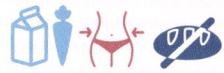

Für 4 Portionen • Pro Portion: 196 kcal, 7 g E, 15 g F, 7 g KH

2 Zwiebeln
1 Knoblauchzehe
1 EL Rapsöl
500 g Brokkoli
750 g Gemüsebrühe
5 Stängel Basilikum
40 g Frischkäse
Salz, Pfeffer
4 TL Kürbiskernöl

1. Die Zwiebeln abziehen und vierteln. Die Knoblauchzehe schälen. Beides mit dem Rapsöl in den Mixtopf geben und mit aufgesetztem Messbecher **5 Sekunden/Stufe 5** zerkleinern. Mit dem Spatel nach unten schieben und **3 Minuten/120 °C/Stufe 1,5** dünsten.

2. Den Brokkoli putzen, waschen und in Röschen teilen. Die Stiele – wenn nötig – schälen und grob zerschneiden. Einige kleine Röschen in den Varoma legen.

3. Brokkoli und Gemüsebrühe in den Mixtopf geben, den Varoma aufsetzen und das Ganze **20 Minuten/Varoma/Stufe 2** garen.

4. In der Zwischenzeit Basilikum waschen, trocken schütteln und die Blätter von den Stängeln zupfen.

5. Den Varoma abnehmen und beiseitestellen. ⅔ des Basilikums und den Frischkäse in den Mixtopf geben und Suppe **25 Sekunden/Stufe 7** nicht zu fein pürieren.

6. Mit Salz und Pfeffer abschmecken. Die Brokkoliröschen auf 4 Teller verteilen, die Suppe darüberschöpfen, mit den restlichen Basilikumblättern bestreuen und mit Kürbiskernöl beträufeln.

TIPP: Wenn Ihnen der Geschmack von Kürbiskernöl nicht zusagt, versuchen Sie es mit Lein- oder Walnussöl. Beide gibt es im Handel auch in kleinen Mengen (ca. 200 ml) zu kaufen.

Rote-Bete-Creme mit Lebkuchen- gewürz und Pinienkernen

Für 4 Portionen • Pro Portion: 274 kcal, 6 g E, 15 g F, 27 g KH

1 Zwiebel

1 EL Rapsöl

1 TL brauner Zucker

800 g Rote Bete

1 kleiner säuerlicher Apfel

750 ml Gemüsebrühe

1 TL Lebkuchengewürz

30 g Pinienkerne

15 g Sesamsaat

1 Orange

Salz, Pfeffer

4 EL Soja Cuisine

1. Die Zwiebel abziehen und vierteln. Zusammen mit Öl und Zucker in den Mixtopf geben und mit aufgesetztem Messbecher **5 Sekunden/Stufe 5** zerkleinern. Mit dem Spatel nach unten schieben und **3 Minuten/120 °C/Stufe 1,5** dünsten.

2. Die Rote Bete schälen und grob zerschneiden (Einmalhandschuhe nicht vergessen, damit Ihre Hände sich nicht rot färben!). Den Apfel schälen, vierteln und das Kerngehäuse entfernen. Rote Bete und Apfel mit Brühe und Lebkuchengewürz in den Mixtopf geben und **18 Minuten/100 °C/Stufe 2** weich kochen. Dabei Gareinsatz als Spritzschutz aufsetzen!

3. In der Zwischenzeit Pinienkerne und Sesamsaat in einer beschichteten Pfanne ohne Fett etwas anrösten. Die Orange auspressen.

4. Orangensaft zur Suppe geben und das Ganze **35–40 Sekunden/Stufe 7–8** ansteigend fein pürieren. Mit Salz und Pfeffer abschmecken, auf 4 Teller verteilen und jeweils 1 EL Soja Cuisine daraufgeben. Mit Pinienkernen und Sesamsaat bestreut servieren.

TIPP: Sehr gut schmecken dazu statt der Sesamsaat auch Anis- oder Fenchel-samen. Für Erwachsene kann auch ein Schluck Anisschnaps oder -likör als Geschmackserlebnis zum Einsatz kommen.

Kartoffelsuppe mit Pilzen

Für 6 Portionen • Pro Portion: 277 kcal, 5 g E, 18 g F, 24 g KH

1 Zwiebel

1 Knoblauchzehe

50 g Butter

800 g mehligkochende Kartoffeln

800 ml Gemüsebrühe

1 EL getrockneter Majoran

2 Lorbeerblätter

150 g Pilze nach Belieben (z. B. Pfifferlinge, Shimeji
  oder Shiitake)

1 große Fleischtomate

2 Stängel glatte Petersilie

150 ml Schlagsahne

etwas geriebene Muskatnuss

Salz, Pfeffer

1. Die Zwiebel abziehen und vierteln. Knoblauchzehe schälen. Butter in den Mix-topf geben und **1 Minute/100 °C/Stufe 1** schmelzen lassen. Zwiebel und Knob-lauch dazugeben und mit aufgesetztem Messbecher **5 Sekunden/Stufe 5** zer-kleinern. Mit dem Spatel nach unten schieben und **3 Minuten/100 °C/Stufe 1,5** dünsten.

2. Die Kartoffeln schälen, waschen und in etwa 2 cm große Stücke schneiden. In den Mixtopf geben, Brühe, Majoran und Lorbeerblätter dazugeben und Gemüse in **20 Minuten/100 °C/Stufe 2 linksdrehend** weich kochen.

3. In der Zwischenzeit die Pilze mit Küchenkrepp oder einer weichen Bürste säu-bern und putzen. Die Tomate waschen, Stielansatz und Kerne entfernen und das Fruchtfleisch würfeln. Die Petersilie waschen, mit Küchenkrepp trocken tupfen, die Blätter von den Stängeln zupfen und hacken.

4. Etwa die Hälfte der Kartoffeln mit einer Schaumkelle aus der Suppe nehmen und beiseitestellen. Lorbeerblätter entfernen und Suppe **20 Sekunden/Stufe 7** nicht zu fein pürieren. Pilze, Tomatenwürfel, Kartoffelstücke und Sahne dazugeben und Suppe **5 Minuten/100 °C/Stufe 1,5 linksdrehend** erwärmen.

5. Mit Muskatnuss, Salz und Pfeffer abschmecken, auf 4 Teller verteilen und mit Petersilie bestreut servieren.

Maronen-Möhren-Suppe mit Kurkuma

Für 4 Portionen • Pro Portion: 287 kcal, 4 g E, 14 g F, 35 g KH

1 große Zwiebel

1 EL Rapsöl

500 g Möhren

1 Stück Kurkuma (etwa haselnussgroß)

250 g Maronen, vorgekocht und vakuumiert

1 TL gemahlener Koriander

800 ml Gemüsebrühe

3 Zweige Thymian

Salz, Pfeffer

etwas Zitronensaft

etwas Paprikapulver, edelsüß oder rosenscharf

1. Die Zwiebel abziehen und vierteln. Mit dem Rapsöl in den Mixtopf geben, Messbecher aufsetzen und Zwiebel **5 Sekunden/Stufe 5** zerkleinern. Mit dem Spatel nach unten schieben und **3 Minuten/ 120 °C/Stufe 1,5** dünsten.

2. In der Zwischenzeit die Möhren schälen, waschen und grob in Stücke schneiden. Kurkuma schälen. (Schützen Sie Ihre Finger, denn Kurkuma färbt lang anhaltend gelb!) Die Maronen aus der Packung nehmen.

3. Möhren in den Mixtopf geben und **4 Sekunden/Stufe 5** zerkleinern. Die Maronen, Kurkuma, Koriander und Gemüsebrühe dazugeben und **15 Minuten/100 °C/ Stufe 1** weich kochen.

4. Thymian waschen, trocken schütteln und die Blättchen entgegen der Wuchsrichtung von den Stängeln streifen.

5. Die Suppe **40 Sekunden/Stufe 6–8** ansteigend cremig pürieren, mit Salz, Pfeffer und Zitronensaft abschmecken, auf 4 Teller verteilen und mit Paprikapulver und Thymian bestreut servieren.

TIPP: Die Möhren können Sie ganz oder teilweise durch Kürbis ersetzen. Auch er verträgt sich gut mit den herbstlichen Maronen.

Maronen-Sellerie-Suppe mit Croûtons

Für 6 Portionen • Pro Portion: 214 kcal, 8 g E, 15 g F, 12 g KH

1 große Zwiebel

2 EL Rapsöl

500 g Knollensellerie

1 säuerlicher Apfel

300 g geschälte frische Maronen (siehe Tipp unten;
   oder 200 g vakuumiert)

1 l Gemüsebrühe

2 Stängel glatte Petersilie

2 Scheiben Toastbrot

125 g Schinkenspeck in Streifen

Salz, Pfeffer

100 ml Sahne

1. Die Zwiebel abziehen und vierteln. Zusammen mit 1 EL Rapsöl in den Mixtopf geben, Messbecher aufsetzen und Zwiebel **5 Sekunden/Stufe 5** zerkleinern. Mit dem Spatel nach unten schieben und **3 Minuten/120 °C/Stufe 1,5** dünsten.

2. Den Sellerie putzen, schälen und grob zerschneiden. Den Apfel schälen, vierteln und Kerngehäuse entfernen. Die geschälten Maronen grob hacken.

3. Sellerie, Apfel und frische Maronen mit der Brühe in den Mixtopf geben, Garkörbchen als Spritzschutz aufsetzen und alles in **25 Minuten/100 °C/Stufe 2** weich kochen. (Vakuumierte Maronen kommen erst 5 Minuten vor Ende der Kochzeit dazu.)

4. Petersilie waschen, mit Küchenkrepp trocken tupfen, die Blätter von den Stängeln zupfen und hacken. Das Toastbrot in Würfel schneiden.

5. Das restliche Öl in einer beschichteten Pfanne erhitzen und die Brotwürfel darin knusprig braten. Auf Küchenkrepp abtropfen lassen. Die Speckstreifen in die heiße Pfanne geben, anbraten und ebenfalls auf Küchenkrepp abtropfen lassen.

6. Die Suppe **30 Sekunden/Stufe 7** pürieren und mit Salz und Pfeffer abschmecken. Die Sahne mit dem Spatel einrühren und Suppe nochmals **1 Minute/ 100 °C/Stufe 3** erwärmen.

7. Auf 6 Teller verteilen, Croûtons und Speck in die Mitte setzen und Suppe mit Petersilie bestreut servieren.

TIPP: **Frische Maronen schält man am besten, indem man sie an der bauchigen Seite mit einem scharfen Messer einschneidet. Dann in das Garkörbchen geben, mit 1 ½ l Salzwasser bedecken und zugedeckt 25–30 Minuten/Varoma/Rührstufe linksdrehend garen. Abgießen, abkühlen lassen und schälen.**

Eintöpfe

Steckrübeneintopf

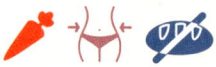

Für 4 Portionen • Pro Portion: 159 kcal, 3 g E, 12 g F, 10 g KH

300 g Steckrüben

100 g Möhren

100 g Petersilienwurzeln oder Pastinaken

2 Zwiebeln

2 Knoblauchzehen

2 EL Rapsöl

1 l Gemüsebrühe

1 Lorbeerblatt

1 TL getrockneter Majoran

2 Stängel glatte Petersilie

Salz, Pfeffer

etwas geriebene Muskatnuss

1. Steckrüben, Möhren und Petersilienwurzeln schälen, putzen, waschen und mundgerecht würfeln oder in Scheiben schneiden.

2. Zwiebeln abziehen und vierteln. Knoblauchzehen schälen. Beides zusammen mit dem Öl in den Mixtopf geben und mit aufgesetztem Messbecher **5 Sekunden/ Stufe 5** zerkleinern. Mit dem Spatel nach unten schieben und den Vorgang wiederholen. Dann **3 Minuten/120 °C/Stufe 1,5** dünsten.

3. Vorbereitetes Gemüse, Gemüsebrühe, Lorbeerblatt und Majoran in den Mixtopf geben, das Garkörbchen als Spritzschutz aufsetzen und Suppe **17 Minuten/ 100 °C/Stufe 2 linksdrehend** kochen.

4. In der Zwischenzeit die Petersilie waschen, mit Küchenkrepp trocken tupfen, die Blätter von den Stielen zupfen und hacken.

5. Lorbeerblatt entfernen. Die Suppe mit Salz, Pfeffer und Muskatnuss abschmecken, auf 4 Teller verteilen und mit gehackter Petersilie bestreut servieren.

TIPP: Sehr gut passen in diesen herbstlichen Eintopf auch Topinambur oder Süßkartoffeln. Wer mag, kann 1 walnussgroßes Stück Ingwer klein würfeln und mit den Zwiebeln andünsten.

INFO: Die Steckrübe, Bodenkohlrabi oder Kohlrübe wird ab etwa Ende Oktober geerntet. Als »Pommersche Ananas« kommt sie besonders im Norden Deutschlands wieder auf die Speisekarten. Denn nach den Kriegs- und Hungerjahren wollte man nichts mehr wissen von den eigentlich schmackhaften Knollen, die oft lebensrettend waren. Das helle Fruchtfleisch wird beim Kochen kräftig gelb und enthält viel Eiweiß, Kalzium und Provitamin A.

Auberginen-Paprika-Eintopf mit Zimt

Für 4 Portionen • Pro Portion: 123 kcal, 5 g E, 5 g F, 14 g KH

600 g Auberginen

Salz

1 weiße Zwiebel

150 g Staudensellerie

1 EL Olivenöl

2 rote Paprikaschoten

250 g reife Tomaten

50 ml Apfelessig

1 TL getrockneter Oregano

1 TL getrockneter Majoran

½–1 TL gemahlener Zimt

2 Stängel Basilikum

Pfeffer

1. Die Auberginen waschen, putzen und in etwa 1 ½ cm große Würfel schneiden. Diese in eine Schüssel geben, salzen und zugedeckt stehen lassen, damit sie Wasser ziehen.

2. Die Zwiebel abziehen und vierteln. Den Staudensellerie waschen, putzen und äußere Stängel eventuell dünn abschälen. Sellerie in Scheiben schneiden.

3. Zwiebel, Sellerie und Olivenöl in den Mixtopf geben, Messbecher aufsetzen und Gemüse **4 Sekunden/Stufe 5** zerkleinern. Mit dem Spatel nach unten schieben und **3 Minuten/120 °C/Stufe 1,5** dünsten.

4. Die Paprikaschoten waschen, putzen und grob in Rauten schneiden. Die Tomaten waschen, halbieren, Stielansätze und Kerne entfernen und Fruchtfleisch grob hacken.

5. Die Auberginen in ein Sieb geben, mit kaltem Wasser abbrausen und gut ausdrücken.

6. Tomaten, Auberginen, Paprika, Essig, Oregano, Majoran und Zimt in den Mixtopf geben und Eintopf zugedeckt **20 Minuten/90 °C/Stufe 2 linksdrehend** garen.

7. Währenddessen Basilikum waschen, trocken schütteln und die Blätter von den Stängeln zupfen. Den Eintopf mit Salz und Pfeffer abschmecken, auf 4 Teller verteilen und Basilikumblätter zum Garnieren in die Mitte setzen.

TIPP: Zu diesem sizilianisch inspirierten Eintopf passen Pinienkerne und Rosinen gut. Die Rosinen einweichen und kurz vor Ende der Kochzeit dazugeben, die Pinienkerne in einer beschichteten Pfanne ohne Fett goldgelb rösten und über das fertige Gericht streuen.

Auberginencurry

Für 4 Portionen • Pro Portion: 274 kcal, 7 g E, 19 g F, 18 g KH

> 400 g Auberginen
>
> ½–1 rote Chilischote
>
> 2 Knoblauchzehen
>
> 1 Zwiebel
>
> 1 EL Rapsöl
>
> 250 g Kürbis (Hokkaido oder Butternut)
>
> 1 Dose Kokosmilch (ca. 400 ml)
>
> 1 EL Madras-Currypulver oder 2 TL Currypaste (Asialaden)
>
> 300 ml Wasser
>
> 5 Stängel Koriander (ersatzweise Petersilie)
>
> 1 kleine Dose Kichererbsen (ca. 220 g Abtropfgewicht)
>
> Salz, Pfeffer

1. Die Auberginen waschen, putzen und in etwa 1 ½ cm große Würfel schneiden. Diese in eine Schüssel geben, salzen und zugedeckt stehen lassen, damit sie Wasser ziehen.

2. Die Chilischote waschen, längs aufschlitzen und die Kerne entfernen. Die Knoblauchzehen schälen. Die Zwiebel abziehen und vierteln. Chili, Knoblauch und Zwiebel mit dem Öl in den Mixtopf geben und mit aufgesetztem Messbecher **5 Sekunden/Stufe 5** zerkleinern. Mit dem Spatel nach unten schieben und **3 Minuten/120 °C/Stufe 1,5** dünsten.

3. Hokkaido-Kürbis waschen (die Schale wird mitverwendet), Butternut-Kürbis dünn abschälen. Kürbiskerne entfernen und Fruchtfleisch in Würfel schneiden.

4. Auberginenwürfel ausdrücken. Mit den Kürbiswürfeln, Kokosmilch, Curry und Wasser in den Mixtopf geben und **15 Minuten/100 °C/Stufe 2 linksdrehend** weich kochen.

5. In der Zwischenzeit den Koriander waschen, trocken schütteln und die Blätter von den Stängeln zupfen. Die Kichererbsen durch ein Sieb abgießen und abtropfen lassen.

6. Die Kichererbsen in den Eintopf geben und **5 Minuten/100 °C/Stufe 2 links-drehend** erhitzen. Eintopf mit Salz und Pfeffer abschmecken.

7. Auf 4 tiefe Teller oder Schalen verteilen und mit dem Koriander bestreut servieren.

TIPP: Zu diesem indisch inspirierten Gericht können Sie stilecht Pitabrot essen oder mit Schwarzkümmel gewürztes Fladenbrot aus türkischen Lebensmittelgeschäften.

INFO: Auberginen gibt es bis Ende Oktober auch aus regionalem Anbau. Diese sind besonders frisch, haben eine schöne glatte Schale und einen matten Glanz – darauf sollten Sie beim Einkauf achten. Früher hat man die geschnittenen Auberginen eingesalzen und ruhen lassen, um ihnen die Bitterstoffe zu entziehen. Diese sind heute aber weitgehend weggezüchtet. Noch vorhanden ist aber das bittere und giftige Solanin. Deshalb nie roh essen! Man lässt die Auberginen nur noch in Salz ziehen, um sie zu entwässern – was man bei Eintöpfen nicht unbedingt tun muss.

Gnocchi mit Kürbis und Grünkohl

Für 4 Portionen • Pro Portion: 460 kcal, 16 g E, 15 g F, 63 g KH

40 g Parmesan oder Grana Padano

600 g Gnocchi (aus dem Kühlregal)

400 g Hokkaido-Kürbis

400 g Grünkohl oder Wirsing

1 kleine Zwiebel

1 Bio-Orange

1 EL Olivenöl

200 ml Gemüsebrühe

6 Walnusshälften

Salz, Pfeffer

1. Den Parmesan in Stücke schneiden, in den Mixtopf geben, Messbecher aufsetzen und Käse **10 Sekunden/Stufe 8** reiben. In eine Schüssel umfüllen und beiseitestellen.

2. Die Gnocchi aus der Packung nehmen und in den Einlegeboden des Varoma legen.

3. Die Kürbisschale säubern, denn sie wird mitverwendet, die Kerne entfernen und das Fruchtfleisch in etwa 1 ½ cm große Würfel schneiden. Diese in den Varoma legen.

4. Den Grünkohl gründlich waschen, die harten Mittelrippen entfernen und die Blätter grob zerschneiden. Die Zwiebel abziehen und vierteln. Die Orange heiß waschen, 2 EL Schale abraspeln und beiseitestellen. Die Frucht auspressen.

5. Zwiebel und Olivenöl in den Mixtopf geben, Messbecher aufsetzen und Zwiebel **5 Sekunden/Stufe 5** zerkleinern. Mit dem Spatel nach unten schieben und **3 Minuten/120 °C/Stufe 1,5** dünsten.

6. Grünkohl, Gemüsebrühe und Orangensaft dazugeben, Varoma und Varoma-Einlegeboden aufsetzen und das Ganze **25 Minuten/Varoma/Stufe 1 linksdrehend** garen.

7. In der Zwischenzeit die Walnusshälften grob hacken und in einer beschichteten Pfanne ohne Fett rösten.

8. Varoma abnehmen. Den Grünkohl (wenn Ihnen die verbliebene Flüssigkeit zu viel erscheint) durch ein Sieb abgießen und in eine Schüssel geben. Gnocchi, Orangenschale und Kürbiswürfel dazugeben und vermischen. Mit Salz und Pfeffer abschmecken, mit Walnüssen und Parmesan bestreut servieren.

TIPP: **Ein gut dazu passendes Aroma ist Vanille! ½ Vanilleschote längs aufschlitzen, das Mark herausschaben und zusammen mit dem Grünkohl in den Mixtopf geben.**

Orecchiette mit Steinpilzen

Für 4 Portionen • Pro Portion: 482 kcal, 18 g E, 10 g F, 78 g KH

1 Zwiebel
3 Stängel glatte Petersilie
400 g Fleischtomaten
300 g Steinpilze
1 EL Olivenöl
400 g Orecchiette
900 ml Gemüsebrühe
Salz, Pfeffer

1. Die Zwiebel schälen und vierteln. Die Petersilie waschen, trocken schütteln und die Blätter von den Stängeln zupfen. Einige Blätter zum Garnieren beiseitelegen. Die Tomaten waschen, halbieren und die Stielansätze und Kerne entfernen. Das Fruchtfleisch grob würfeln. Die Pilze behutsam putzen und mit Küchenkrepp abreiben. In mundgerechte Stücke schneiden.

2. Zwiebel und Petersilie mit dem Olivenöl in den Mixtopf geben und mit aufgesetztem Messbecher **5 Sekunden/Stufe 5** zerkleinern. Mit dem Spatel nach unten schieben und den Vorgang wiederholen. Anschließend **3 Minuten/120 °C/ Stufe 1,5** dünsten.

3. Tomaten dazugeben und **3 Sekunden/Stufe 5** zerkleinern (Messbecher!).

4. Orecchiette, Gemüsebrühe und Steinpilze in den Topf geben. Zeit nach Packungsanleitung einstellen und bei **100 °C/Rührstufe linksdrehend** zugedeckt kochen.

5. Eintopf mit Salz und Pfeffer abschmecken, auf 4 Teller verteilen und mit den restlichen Petersilienblättchen bestreut servieren.

TIPP: Die auf der Packung angegebene Kochzeit müssen Sie wahrscheinlich um 2–3 Minuten verlängern, da die Teigwaren nicht komplett in der Flüssigkeit schwimmen. Also: Probieren vor dem Servieren!

Grüne Bohnen mit Kartoffeln

Für 4 Portionen • Pro Portion: 298 kcal, 10 g E, 15 g F, 29 g KH

1 kleine Stange Lauch
1 Zweig Rosmarin
50 g Schinkenwürfel
2 EL Rapsöl
500 g grüne Bohnen
400 g festkochende Kartoffeln
750 ml Gemüsebrühe
30 g Mehl
20 g kalte Butter
Salz, Pfeffer

1. Den Lauch putzen, längs aufschlitzen und gründlich waschen. Dann grob in Stücke schneiden. Rosmarin waschen, trocken schütteln und die Nadeln vom Stängel zupfen. Beides in den Mixtopf geben und **5 Sekunden/Stufe 5** zerkleinern. Mit dem Spatel nach unten schieben, Schinkenwürfel und Öl dazugeben und alles **4 Minuten/Varoma/Stufe 1,5** dünsten.

2. In der Zwischenzeit die Bohnen waschen, putzen, in etwa 4 cm lange Stücke schneiden und in den Varoma legen. Die Kartoffeln schälen, waschen, in mundgerechte Stücke schneiden und ins Garkörbchen geben.

3. Gemüsebrühe in den Mixtopf gießen, das Garkörbchen einhängen, Varoma aufsetzen und das Gemüse in **25–30 Minuten/Varoma/Rührstufe linksdrehend** weich dämpfen.

4. Varoma und Garkörbchen beiseitestellen. Mehl und Butter mit den Fingern verkneten, in den Mixtopf geben und **2 Minuten/Stufe 4** (Messbecher! Es spritzt!) einrühren. Mit Salz und Pfeffer kräftig abschmecken.

5. Bohnen und Kartoffeln in den Mixtopf geben und **5 Minuten/100 °C/Stufe 2 linksdrehend** nochmals erwärmen.

Grünkohleintopf mit Perlgraupen

Für 4 Portionen • Pro Portion: 339 kcal, 11 g E, 13 g F, 45 g KH

300 g Grünkohl

200 g Petersilienwurzeln

1 Zwiebel

1 Knoblauchzehe

1 EL Rapsöl

1 l Gemüsebrühe

200 g Perlgraupen

1 Lorbeerblatt

3 Wacholderbeeren

1 TL Zucker

50 ml saure Sahne oder Schmand

Salz, Pfeffer (nach Belieben Cayennepfeffer)

etwas Zitronensaft nach Belieben

1. Den Grünkohl in Blätter teilen, gründlich waschen, eventuell die harten Rippen herausschneiden und die Blätter grob hacken oder in Stücke zupfen. In den Varoma legen.

2. Die Petersilienwurzeln schälen, putzen und grob in Stücke schneiden. Die Zwiebel abziehen und vierteln, Knoblauchzehe schälen. Alles mit dem Rapsöl in den Mixtopf geben, Messbecher aufsetzen und Gemüse **6 Sekunden/Stufe 5** zerkleinern. Mit dem Spatel nach unten schieben und **3 Minuten/120 °C/Stufe 1,5** dünsten.

3. Die Gemüsebrühe dazugießen und alles **30 Sekunden/Stufe 8** fein pürieren (Messbecher!).

4. Die Perlgraupen in ein Sieb geben, unter fließend kaltem Wasser abbrausen und mit Lorbeerblatt, Wacholderbeeren und Zucker in den Topf geben.

5. Den Varoma mit dem Grünkohl aufsetzen und das Ganze **40 Minuten/Varoma/Stufe 2 linksdrehend** garen.

6. Den Varoma abnehmen und beiseitestellen. Saure Sahne **5 Sekunden/Stufe 4 linksdrehend** einrühren und die Suppe mit Salz, Pfeffer und nach Belieben mit Zitronensaft abschmecken. Lorbeerblatt entfernen.

7. Den Grünkohl auf 4 Teller verteilen und die Graupensuppe darüberschöpfen.

Kartoffel-Möhren-Gulasch

Für 4 Portionen • Pro Portion: 251 kcal, 6 g E, 6 g F, 41 g KH

1 Zwiebel

2 Knoblauchzehen

1 EL Rapsöl

300 g Möhren

800 g festkochende Kartoffeln

1 große Fleischtomate

2 Stängel Petersilie

50 g Tomatenmark

1 EL Paprikapulver, edelsüß oder rosenscharf

500 ml Gemüsebrühe

Salz, Pfeffer

etwas Apfelessig

1. Die Zwiebel abziehen und vierteln. Die Knoblauchzehen schälen. Beides in den Mixtopf geben und mit aufgesetztem Messbecher **5 Sekunden/Stufe 5** zerkleinern. Mit dem Spatel nach unten schieben, das Öl dazugeben und **3 Minuten/120 °C/Stufe 1,5** dünsten.

2. Die Möhren schälen, putzen, waschen und in etwa 1 ½ cm dicke Scheiben schneiden. Die Kartoffeln schälen, waschen und in mundgerechte Stücke schneiden. Die Tomate waschen, halbieren, den Stielansatz und die Kerne entfernen und das Fruchtfleisch grob zerschneiden. Petersilie waschen, trocken schütteln, die Blätter von den Stängeln zupfen und fein hacken.

3. Tomate, Tomatenmark, Paprikapulver und 100 g Kartoffeln in den Mixtopf geben und **5 Sekunden/Stufe 5** zerkleinern. Mit dem Spatel nach unten schieben und das übrige Gemüse und die Brühe dazugeben. Gemüse in **20–23 Minuten/100 °C/Stufe 2 linksdrehend** zugedeckt (es spritzt!) weich kochen.

4. Eintopf mit Salz, Pfeffer und Essig abschmecken, auf 4 Teller verteilen und mit Petersilie bestreut servieren.

TIPP: Alles, das Gulasch heißt, schmeckt aufgewärmt noch mal so gut. Je nachdem, für wie viele Personen Sie kochen, können Sie die doppelte oder 1 ½-fache Menge zubereiten. Eventuell müssen Sie Kartoffeln in den Varoma »auslagern«, weil nicht alles im Mixtopf Platz hat.

Herbstliche Bolognese

Für 8 Portionen • Pro Portion: 242 kcal, 18 g E, 14 g F, 11 g KH

2 Zwiebeln

2–3 Knoblauchzehen

2 EL Olivenöl

300 g Knollensellerie

300 g Petersilienwurzeln oder Pastinaken

100 g Speckwürfel

50 g Tomatenmark

500 g Rinderhackfleisch

50 ml Gemüse- oder Fleischbrühe

1 EL getrockneter Majoran

1 EL getrockneter Oregano

2 Dosen stückige Tomaten (à ca. 400 g)

Salz, Pfeffer

1. Zwiebeln abziehen und vierteln. Knoblauchzehen schälen. Beides mit dem Olivenöl in den Mixtopf geben, Messbecher aufsetzen und **5 Sekunden/Stufe 5** zerkleinern. Mit dem Spatel nach unten schieben und **3 Minuten/120 °C/Stufe 1,5** dünsten.

2. Sellerie und Petersilienwurzeln schälen, putzen und grob zerschneiden. In den Mixtopf geben und **7 Sekunden/Stufe 5** zerkleinern. Mit dem Spatel nach unten schieben. Die Speckwürfel und das Tomatenmark dazugeben, **2 Sekunden/Stufe 3,5** vermischen und alles **4 Minuten/120 °C/Stufe 2,5** dünsten.

3. Das Hackfleisch mit einer Gabel zerpflücken und in den Mixtopf geben. Die Brühe, Majoran, Oregano und Tomaten dazugeben, den Gareinsatz als Spritzschutz aufsetzen und das Ganze in **12 Minuten/100 °C/Stufe 2,5 linksdrehend** zum Kochen bringen. Dann die Hitze reduzieren und Sauce **25 Minuten/90 °C/Stufe 2,5 linksdrehend** fertig kochen.

4. Mit Salz und Pfeffer abschmecken und zu gekochten Spaghetti oder anderen Teigwaren servieren.

INFO: Wir haben das Rezept gleich für 8 Portionen ausgelegt, denn die Bolognese kann man gut einfrieren oder aufwärmen.

Süßkartoffel-Hackfleisch-Eintopf

Für 6 Portionen • Pro Portion: 369 kcal, 17 g E, 16 g F, 36 g KH

60 g Parmesan oder Grana Padano

2 Knoblauchzehen

2 Stängel glatte Petersilie

150 g Petersilienwurzeln

2 EL Olivenöl

200 g Rinderhackfleisch oder gemischtes Hackfleisch

750 ml Gemüse- oder Fleischbrühe

300 g frischer Spinat

250 g Süßkartoffeln

200 g Hörnchen oder andere Teigwaren

Salz, Pfeffer

1. Den Parmesan in Stücke schneiden, in den Mixtopf geben, Messbecher aufsetzen und Käse **10 Sekunden/Stufe 8** reiben. In eine Schüssel umfüllen und beiseitestellen.

2. Die Knoblauchzehen schälen. Petersilie waschen, mit Küchenkrepp trocken tupfen und die Blätter von den Stängeln zupfen. Petersilienwurzeln schälen, putzen, waschen und grob in Stücke schneiden.

3. Knoblauch, Petersilie und Petersilienwurzeln mit dem Öl in den Mixtopf geben, Messbecher aufsetzen und Gemüse **5 Sekunden/Stufe 5** zerkleinern. Das Hackfleisch mit einer Gabel zerpflücken, dazugeben und alles zusammen **4 Minuten/120 °C/Stufe 1,5 linksdrehend** dünsten.

4. Die Brühe angießen und alles **15 Minuten/100 °C/Stufe 1,5 linksdrehend** kochen. Garkörbchen dabei als Spritzschutz aufsetzen!

5. In der Zwischenzeit den Spinat waschen, verlesen und harte Stiele entfernen. Kleine Blätter ganz lassen, größere grob hacken. Süßkartoffeln schälen, waschen und in mundgerechte Würfel schneiden.

6. Süßkartoffeln und Hörnchen zur Suppe geben. Die Hälfte des Spinats in den Topf geben und mit dem Spatel unterheben. **7 Minuten/100 °C/Stufe 2,5 linksdrehend** einstellen und nach 2 Minuten den restlichen Spinat durch die Deckelöffnung dazugeben und mithilfe des Spatels unterheben.

7. Teigwaren probieren und den Eintopf gegebenenfalls noch 1–2 Minuten länger kochen.

8. Mit Salz und Pfeffer abschmecken, auf 6 Teller verteilen und den Parmesan getrennt dazu reichen.

TIPP: Nach Belieben können Sie statt mit Süßkartoffel die Suppe auch mit Kürbis zubereiten oder 1–2 Möhren verwenden. Diese kommen bereits mit der Brühe in den Mixtopf, da sie länger kochen müssen.

Süßkartoffel-Linsen-Eintopf mit Joghurt

Für 6 Portionen • Pro Portion: 341 kcal, 15 g E, 10 g F, 49 g KH

5 Stängel glatte Petersilie

1 große Zwiebel

1 EL Rapsöl

50 g Speckwürfel

600 g Süßkartoffeln oder Hokkaido-Kürbis
   (vorbereitet gewogen)

250 g Tellerlinsen

900 ml Gemüsebrühe

1 gehäufter TL Garam Masala

50 g Soft-Aprikosen

250 ml Joghurt

etwas Zitronensaft

Salz, Pfeffer

1. Die Petersilie waschen, mit Küchenkrepp trocken tupfen und die Blätter von den Stängeln zupfen. In den Mixtopf geben, Messbecher aufsetzen und Petersilie **5 Sekunden/Stufe 5** zerkleinern. In eine Schüssel umfüllen. Mixtopf nicht spülen – es macht nichts, wenn ein wenig Petersilie darin bleibt.

2. Die Zwiebel abziehen und vierteln. In den Mixtopf geben und **5 Sekunden/Stufe 5** zerkleinern (Messbecher!). Öl und Speckwürfel dazugeben und alles **4 Minuten/ 120 °C/Stufe 1,5** dünsten.

3. Süßkartoffeln schälen und in mundgerechte Würfel schneiden. (Hokkaido-Schale waschen, Kerne und Fasern entfernen und das Fruchtfleisch würfeln.) In den Varoma legen.

4. Linsen, Gemüsebrühe und Garam Masala in den Mixtopf geben, Varoma aufsetzen und das Ganze **30 Minuten/100 °C/Stufe 1 linksdrehend** garen.

5. Die Aprikosen in dünne Streifen schneiden, Varoma abnehmen und Aprikosenstreifen durch die Deckelöffnung zu den Linsen geben. Varoma wieder aufsetzen und alles weitere **5 Minuten/100 °C/Stufe 1 linksdrehend** garen. (Wenn das Gemüse noch zu hart ist, eventuell noch 5 Minuten länger.)

6. Joghurt in einer Schüssel mit etwas Zitronensaft, Salz und der Hälfte der Petersilie glatt rühren.

7. Linsen mit Salz, Pfeffer und Zitronensaft pikant abschmecken. Die Süßkartoffeln aus dem Varoma nehmen und mit dem Spatel unter die Linsen rühren, mit aufgesetztem Messbecher **10 Sekunden/Stufe 2,5 linksdrehend** vermischen.

8. Eintopf auf 6 Teller oder Schüsseln verteilen, mit der restlichen Petersilie bestreuen und den Joghurt getrennt dazu reichen.

TIPP: Bei den Eintöpfen – wie auch bei diesem – bereiten wir manchmal 6 Portionen zu, denn sie lassen sich – wenn nicht alles gegessen wird – gut einfrieren.

INFO: Garam Masala ist ein beliebtes Herbst- und Wintergewürz, denn die Bestandteile dieser nordindischen Würzmischung entfachen in unserem Inneren kuschelige Wärme. Hauptsächlich enthalten sind Kardamom, Nelken, Zimt und Pfeffer. Das »heiße Gewürz« – so die wörtliche Übersetzung – passt auch gut in warme Mixgetränke.

Grünkohleintopf mit Bohnen

Für 4 Portionen • Pro Portion: 355 kcal, 18 g E, 17 g F, 39 g KH

1 Zwiebel

2 Knoblauchzehen

200 g Möhren

200 g Staudensellerie

1 Stange Lauch

200 g Grünkohl (ersatzweise Wirsing oder Mangold)

8 Rispentomaten

1 Dose Riesenbohnen (ca. 250 g Abtropfgewicht)

3 EL Olivenöl

750 ml Gemüsebrühe

2 Zweige Thymian

4 Scheiben Weißbrot

Salz, Pfeffer

etwas weißer Essig

1. Die Zwiebel abziehen und vierteln. Die Knoblauchzehen schälen. Möhren schälen und putzen, Staudensellerie putzen und waschen. Lauch putzen, längs aufschlitzen und gründlich waschen. Alles in etwa ½ cm breite Stücke schneiden.

2. Den Grünkohl gründlich waschen, die harten Mittelrippen entfernen und die Blätter in mundgerechte Stücke zupfen. Die Tomaten waschen, halbieren und die Stielansätze entfernen. Die Bohnen in ein Sieb geben, kalt abbrausen und abtropfen lassen.

3. Zwiebel und Knoblauchzehen mit 1 EL Olivenöl in den Mixtopf geben, Messbecher aufsetzen und Gemüse **5 Sekunden/Stufe 5** zerkleinern. Mit dem Spatel nach unten schieben, Möhren, Sellerie und Lauch dazugeben und alles zusammen **4 Minuten/120 °C/Stufe 1,5 linksdrehend** dünsten.

4. Brühe angießen, Grünkohl und gewaschene Thymianzweige dazugeben, das Garkörbchen als Spritzschutz aufsetzen und Eintopf **20 Minuten/100 °C/Stufe 1,5 linksdrehend** kochen.

5. Bohnen und Tomaten dazugeben und weitere **7 Minuten/100 °C/Stufe 1,5 linksdrehend** garen.

6. In der Zwischenzeit das Brot in Würfel schneiden und in einer Pfanne mit dem restlichen Öl zu knusprigen Croûtons braten.

7. Thymianstängel entfernen, den Eintopf mit Salz, Pfeffer und Essig abschmecken, auf 4 Teller verteilen und mit den Croûtons bestreut servieren.

TIPP: Zum Eintopf passt für Nichtveganer pro Portion auch 1 EL geriebener Parmesan. Dazu können Sie etwa 40 g Käse grob in Stücke schneiden und – bevor Sie mit der Suppenzubereitung beginnen – im Mixtopf **10 Sekunden/Stufe 10** reiben. Dann in eine kleine Schüssel umfüllen.

Kichererbseneintopf mit Maronen

Für 4 Portionen • Pro Portion: 340 kcal, 10 g E, 19 g F, 33 g KH

- 1 Zwiebel
- 2 Knoblauchzehen
- 150 g Staudensellerie
- 2 EL Olivenöl
- 2 EL Tomatenmark
- 2 Zweige Rosmarin
- 400 g Tomaten
- 700 ml Gemüsebrühe
- 1 Dose Kichererbsen (ca. 265 g Abtropfgewicht)
- 200 g Maronen (vorgekocht und vakuumiert)
- 200 g braune oder weiße Champignons

1. Zwiebel abziehen und vierteln. Knoblauchzehen schälen. Staudensellerie waschen, putzen und grob in Stücke schneiden.

2. Zwiebel, Knoblauch und Sellerie in den Mixtopf geben, Messbecher aufsetzen und Gemüse **6 Sekunden/Stufe 5** zerkleinern. Mit dem Spatel nach unten schieben, 1 EL Öl dazugeben und Gemüse **3 Minuten/120 °C/Stufe 1,5** dünsten. Das Tomatenmark zufügen und weitere **2 Minuten/120 °C/Stufe 2,5** dünsten.

3. Den Rosmarin waschen und trocken schütteln. Einige Büschel zum Garnieren beiseitelegen.

4. Die Tomaten waschen, halbieren, Stielansätze und Kerne entfernen. Fruchtfleisch grob zerschneiden und mit der Gemüsebrühe und dem Rosmarinzweig in den Mixtopf geben. **15 Minuten/100 °C/Stufe 2 linksdrehend** kochen lassen.

5. Die Kichererbsen durch ein Sieb abgießen und abbrausen. Die Maronen aus der Packung nehmen und halbieren oder vierteln.

6. Kichererbsen und Maronen in den Mixtopf geben und alles zusammen **10 Minuten/95 °C/Stufe 2 linksdrehend** fertig kochen.

7. Währenddessen die Champignons mit Küchenkrepp säubern und in etwa 1 cm große Würfel schneiden. Im restlichen Öl in einer beschichteten Pfanne glasig braten und auf 4 Teller verteilen.

8. Den Rosmarinzweig entfernen. Eintopf mit Salz und Pfeffer abschmecken und über die Pilze schöpfen. Mit Rosmarin garniert servieren.

TIPP: Wenn Sie frische Maronen verwenden wollen, brauchen Sie etwa 300 g. Um sie zu schälen, Maronen an der bauchigen Seite kreuzweise mit einem scharfen Messer einritzen. Ins Garkörbchen legen, mit etwa 1 ½ l Salzwasser bedecken und **25 Minuten/100 °C/Rührstufe linksdrehend** garen. Abgießen, abkühlen lassen und schälen.

Möhren-Mais-Eintopf mit gelben Linsen

Für 4 Portionen • Pro Portion: 298 kcal, 14 g E, 10 g F, 37 g KH

1 Zwiebel
1–2 Knoblauchzehen
300 g Tomaten
300 g Möhren
1 EL Rapsöl
150 g gelbe oder rote Linsen
1 TL gemahlene Kurkuma
900 ml Gemüsebrühe
1 Dose Mais (ca. 280 g Abtropfgewicht)
Salz, Pfeffer
2 EL Schnittlauch in Röllchen oder gehackte Petersilie

1. Die Zwiebel abziehen und vierteln. Die Knoblauchzehen schälen. Die Tomaten waschen, vierteln und die Stielansätze herausschneiden. Die Möhren schälen, putzen und grob in Stücke schneiden.

2. Zwiebel und Knoblauch in den Mixtopf geben und mit aufgesetztem Messbecher **5 Sekunden/Stufe 5** zerkleinern. Mit dem Spatel nach unten schieben, das Öl dazugeben und Gemüse **3 Minuten/120 °C/Stufe 1,5** dünsten.

3. Die Möhren in den Mixtopf geben und **4 Sekunden/Stufe 5** zerkleinern (Messbecher!).

4. ⅔ der Tomaten, die Linsen, Kurkuma und Brühe in den Mixtopf geben, Garkörbchen als Spritzschutz aufsetzen und das Ganze **15 Minuten/100 °C/Stufe 1,5 linksdrehend** kochen, bis die Linsen und Möhren weich sind.

5. Die restlichen Tomaten in schmale Streifen schneiden. Mais und Tomatenstreifen in den Mixtopf geben und **5 Minuten/100 °C/Stufe 2 linksdrehend** erwärmen.

6. Eintopf mit Salz und Pfeffer abschmecken, auf 4 Teller verteilen und mit dem Schnittlauch bestreut servieren.

TIPP: Wer gerne schärfer und gehaltvoller isst: 1 EL Meerrettich (aus dem Glas) oder ½–1 TL Wasabi heizen ordentlich ein. Zusammen mit dem Mais können Nichtveganer auch 1 Paar Wiener Würstchen (in Scheiben geschnitten) im Eintopf erwärmen.

Rote-Bete-Eintopf mit Bohnen und Wurzelgemüse

Für 4 Portionen • Pro Portion: 147 kcal, 6 g E, 5 g F, 20 g KH

250 g frische Rote Bete

200 g Möhren

100 g Pastinaken

1 Stück Ingwer (etwa walnussgroß)

2 Knoblauchzehen

850 ml Gemüsebrühe

1 kleine Dose weiße Bohnen (ca. 250 g Abtropfgewicht)

Salz, Pfeffer

4 milde eingelegte Peperonischoten nach Belieben

1. Rote Bete schälen und in etwa 2 cm große Stücke schneiden (Einmalhandschuhe nicht vergessen, sonst bleiben Ihre Finger noch lange rot!). Möhren und Pastinaken schälen, putzen, waschen und ebenfalls in Stücke schneiden. Den Ingwer schälen und vierteln, die Knoblauchzehen abziehen.

2. Ingwer und Knoblauch in den Mixtopf geben und mit aufgesetztem Messbecher **3 Sekunden/Stufe 5** zerkleinern. Mit dem Spatel nach unten schieben und den Vorgang wiederholen.

3. Das vorbereitete Gemüse dazugeben. Die Brühe angießen und Gemüse zugedeckt in **20 Minuten/100 °C/Rührstufe** weich kochen.

4. In der Zwischenzeit die Bohnen in ein Sieb geben, kalt abbrausen und abtropfen lassen.

5. Das Gemüse im Eintopf **3 Sekunden/Stufe 4** etwas zerkleinern und mit Salz und Pfeffer abschmecken. Bohnen dazugeben und **5 Minuten/100°C/Stufe 2 linksdrehend** in der Suppe erwärmen.

6. Die Peperoni längs aufschlitzen, die Kerne entfernen und das Fruchtfleisch in Streifen schneiden.

7. Eintopf auf 4 Teller verteilen und mit den Peperonistreifen bestreut servieren.

TIPP: Wenn Sie es lieber cremiger mögen, den Eintopf, nachdem die Bohnen erwärmt sind, **40 Sekunden/Stufe 4–7** ansteigend pürieren.

Scharfe Kidneybohnen mit Wirsing

Für 4 Portionen • Pro Portion: 271 kcal, 13 g E, 14 g F, 24 g KH

1 grüne Paprikaschote

150 g Staudensellerie

150 g Möhren

1 kleine Zwiebel

1–2 Knoblauchzehen

2 EL Olivenöl

250 g Wirsing

800 ml Gemüsebrühe

1 rote Chilischote

1 kleine Dose Kichererbsen (ca. 220 g Abtropfgewicht)

1 Dose Kidneybohnen (ca. 250 g Abtropfgewicht)

Salz, Pfeffer

etwas Balsamessig

1. Die Paprikaschote waschen, putzen und in Streifen schneiden. Staudensellerie und Möhren putzen, waschen bzw. schälen und grob zerschneiden. Die Zwiebel abziehen und vierteln. Die Knoblauchzehen schälen.

2. Zwiebel, Knoblauch, Sellerie und Möhren in den Mixtopf geben, Messbecher aufsetzen und Gemüse **7 Sekunden/Stufe 5** zerkleinern. Mit dem Spatel nach unten schieben, das Öl dazugeben und alles **4 Minuten/120 °C/Stufe 1,5** dünsten.

3. Den Wirsing unter fließendem Wasser gründlich waschen, die harten Mittelrippen eventuell entfernen und die Blätter etwas zerpflücken.

4. Wirsing, Paprika, Gemüsebrühe und gewaschene Chilischote in den Mixtopf geben und **15 Minuten/100 °C/Stufe 1 linksdrehend** kochen. Garkörbchen dabei als Spritzschutz aufsetzen. (Wenn Sie gerne sehr scharf essen: Die Chilischote zuvor aufschlitzen.)

5. Kichererbsen und Kidneybohnen in ein Sieb geben, abbrausen und abtropfen lassen. In den Mixtopf geben, mit dem Spatel unterrühren und **5 Minuten/100 °C/ Stufe 1,5 linksdrehend** erwärmen.

6. Chilischote entfernen, Eintopf mit Salz, Pfeffer und Essig abschmecken und auf 4 Teller verteilen.

TIPP 1: **Ein schönes Aroma geben hier auch getrocknete Pilze. Zum Beispiel 25 g Mischpilze 15 Minuten in 150 ml lauwarmem Wasser einweichen und unter Punkt 4 mit dem Einweichwasser in den Mixtopf geben. Sie benötigen dann nur 650 ml Gemüsebrühe.**

TIPP 2: **Nichtveganer können das Gericht auch mit 15 g Parmesan pro Portion bestreuen, den sie zuvor im Mixtopf 10 Sekunden/Stufe 8 gerieben haben.**

Rigatoni mit Kürbissauce

Für 4 Portionen • Pro Portion: 490 kcal, 16 g E, 18 g F, 64 g KH

40 g Parmesan oder Grana Padano

1 kleine Zwiebel

4 Zweige Thymian oder Majoran

800 g Kürbis (z. B. Butternut-, Muskat- oder
  Hokkaido-Kürbis)

1 EL Rapsöl

320 g Rigatoni

100 ml Sahne

1 TL Madras-Currypulver

600 ml Gemüsebrühe

Salz, Pfeffer

1. Den Parmesan in Stücke brechen, in den Mixtopf geben, Messbecher aufsetzen und Käse **10 Sekunden/Stufe 8** reiben. In eine Schüssel umfüllen.

2. Die Zwiebel abziehen und vierteln. Thymian waschen, mit Küchenkrepp trocken tupfen und die Blättchen gegen die Wuchsrichtung von den Stängeln zupfen. Das Kürbisstück schälen (außer Sie verwenden Hokkaido, dann waschen), die Kerne entfernen und das Fruchtfleisch grob würfeln.

3. Zwiebel und Thymian mit dem Öl in den Mixtopf geben und mit aufgesetztem Messbecher **5 Sekunden/Stufe 5** zerkleinern. Mit dem Spatel nach unten schieben und **3 Minuten/120 °C/Stufe 1,5** dünsten.

4. Den Kürbis in den Mixtopf geben und **6 Sekunden/Stufe 4** zerkleinern (Messbecher!). Mit dem Spatel nach unten schieben und nochmals **4–6 Sekunden/ Stufe 5** zerkleinern. Die Stücke sollen höchstens 1 cm groß sein.

5. Rigatoni, Sahne, Currypulver und Gemüsebrühe in den Mixtopf geben und alles zusammen **23 Minuten/100 °C/Rührstufe linksdrehend** zugedeckt kochen.

6. Den Eintopf mit Salz und Pfeffer abschmecken, auf 4 Teller verteilen und mit Parmesan bestreut servieren.

INFO: Sie können dafür auch andere Teigwaren in Röhrchenform verwenden, etwa Makkaroni, Penne rigate oder Tortiglioni, die es von verschiedenen Herstellern gibt. Hauptsache, die leckere Kürbissauce kann gut hineinschlüpfen. Die Kochzeit auf der Packung müssen Sie eventuell um 2–3 Minuten verlängern, da die Teigwaren nicht komplett in der Flüssigkeit schwimmen. Also vor dem Servieren unbedingt probieren!

Kürbisgulasch

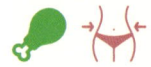

Für 6 Portionen • Pro Portion: 254 kcal, 9 g E, 17 g F, 15 g KH

1 große Zwiebel

1 Knoblauchzehe

1 EL Rapsöl

1 EL Tomatenmark

1 EL Paprikapulver, edelsüß

1 TL Paprikapulver, rosenscharf

1 große Fleischtomate

300 g mehligkochende Kartoffeln

650 ml Gemüsebrühe

800 g Hokkaido-Kürbis

300 g kleine Bratwürstchen

Salz, Pfeffer

1. Die Zwiebel abziehen und vierteln. Den Knoblauch schälen. Beides mit dem Rapsöl in den Mixtopf geben, Messbecher aufsetzen und **5 Sekunden/Stufe 5** zerkleinern. Mit dem Spatel nach unten schieben und **3 Minuten/120 °C/Stufe 1,5** dünsten.

2. Tomatenmark und die beiden Paprikapulver dazugeben und **1 Minute/120 °C/Stufe 1,5** dünsten.

3. Die Tomate waschen, vierteln und den Stielansatz herausschneiden. Die Kartoffeln schälen, waschen und grob zerschneiden. Beides in den Mixtopf geben und **3 Sekunden/Stufe 5** zerkleinern. Mit dem Spatel nach unten schieben und die Brühe angießen.

4. Den Kürbis waschen, halbieren und die Kerne und Fasern mit einem Löffel entfernen. Fruchtfleisch in etwa 1 ½ cm große Würfel schneiden und diese in den Varoma legen.

5. Die Bratwürstchen in etwa 1 cm breite Scheiben schneiden und in den Einlegeboden des Varoma legen.

6. Den Varoma mit Einlegeboden aufsetzen und das Ganze **25 Minuten/Varoma/ Stufe 1** dämpfen.

7. Varoma abnehmen und beiseitestellen. Gemüse im Mixtopf mit Salz und Pfeffer abschmecken und **10 Sekunden/Stufe 7** pürieren. Die Kürbisstücke und Würstchen hineingeben und **2 Minuten/100 °C/Stufe 2 linksdrehend** erhitzen.

TIPP: Kürbisgulasch schmeckt – wie jedes Gulasch – aufgewärmt noch mal so gut und lässt sich auch bestens einfrieren. Deshalb haben wir das Rezept gleich für 6 Portionen ausgelegt. Wenn die Würstchen aufgegessen sind, aber noch Gulasch übrig ist: mit etwas Brühe oder Sahne erhitzen und zu einer Suppe pürieren.

Lauch mit roten Linsen und Tomaten

Für 4 Portionen • Pro Portion: 284 kcal, 18 g E, 7 g F, 36 g KH

5 Stangen Lauch (ca. 1 kg ungeputzt gewogen)

2 Knoblauchzehen

1 EL Rapsöl

100 g Tomatenmark

2 Fleischtomaten

200 g rote oder gelbe Linsen

400 ml Gemüsebrühe

2 Stängel glatte Petersilie

Salz, Pfeffer

etwas Zitronensaft

1. Den Lauch putzen, längs aufschlitzen und gründlich waschen. 2 Stangen Lauch grob in Stücke schneiden. Die Knoblauchzehen schälen.
2. Lauchstücke, Knoblauch und Öl in den Mixtopf geben, Messbecher aufsetzen und Gemüse **7 Sekunden/Stufe 5** zerkleinern. Mit dem Spatel nach unten schieben und **3 Minuten/120 °C/Stufe 1,5** dünsten.
3. Das Tomatenmark dazugeben und **1 Minute/120 °C/Stufe 1,5** dünsten.
4. Die Tomaten waschen, Stielansätze und Kerne entfernen und das Fruchtfleisch in Würfel schneiden.
5. Die übrigen Lauchstangen in ca. 1 cm breite Stücke schneiden und zusammen mit den Linsen in den Mixtopf geben. Die Brühe angießen und alles in **10 Minuten/100 °C/Stufe 1 linksdrehend** zum Kochen bringen.
6. Die Tomatenwürfel dazugeben und Gemüse in weiteren **15 Minuten bei milder Hitze/85 °C/Stufe 1 linksdrehend** weich garen. Wenn die Linsen noch zu hart sind, verlängern Sie die Kochzeit um 3–5 Minuten.

7. Die Petersilie waschen, trocken schütteln und die Blätter von den Stängeln zupfen.

8. Den Linseneintopf mit Salz, Pfeffer und Zitronensaft pikant abschmecken, auf 4 Teller verteilen und mit der Petersilie garniert servieren.

TIPP: Wenn es mal nicht vegan sein soll – 150 g Schafskäse in Würfeln oder gebratene Rostbratwürstchen passen gut dazu.

Grünkohl-Kartoffel-Eintopf mit Granatapfelkernen

Für 4 Portionen • Pro Portion: 151 kcal, 4 g E, 8 g F, 14 g KH

200 g frischer oder TK-Grünkohl

1 Stange Lauch

200 g Kartoffeln

1 Zwiebel

2 Knoblauchzehen

1 EL Rapsöl

800 ml Gemüsebrühe

½ Granatapfel

4 Zweige krause Petersilie oder Koriander nach Belieben

Salz, Pfeffer

1. Den Grünkohl gründlich unter fließendem Wasser waschen. In den gekräuselten Blättern versteckt sich manchmal etwas Erde. Die Mittelrippen entfernen, die Blätter grob zerteilen, in den Mixtopf geben, den Messbecher aufsetzen und Grünkohl **6 Sekunden/Stufe 5** zerkleinern. In eine Schüssel umfüllen und beiseitestellen. (TK-Grünkohl auftauen lassen und gut ausdrücken. Er muss nicht zerkleinert werden.)

2. Den Lauch putzen, längs aufschlitzen, gründlich waschen und grob in Stücke schneiden. Die Kartoffeln schälen, waschen und grob zerkleinern. Zwiebel abziehen und vierteln. Knoblauchzehen schälen.

3. Zwiebel, Knoblauchzehen und Lauch mit dem Öl in den Mixtopf geben und mit aufgesetztem Messbecher **5 Sekunden/Stufe 5** zerkleinern. Mit dem Spatel nach unten schieben und **4 Minuten/100 °C/Stufe 1,5** dünsten.

4. Brühe und Kartoffeln dazugeben und **10 Minuten/100 °C/Stufe 1** kochen. Dann den Grünkohl mit dem Spatel einrühren und nochmals **15 Minuten/100 °C/Stufe 1 linksdrehend** bissfest garen.

5. In der Zwischenzeit die Granatapfelkerne aus der Schale lösen. Das geht am einfachsten so: den Granatapfel quer halbieren, eine Hälfte mit der Schnittfläche nach unten über eine Schüssel halten. Mit einem Kochlöffel erst mit der Breitseite, dann mit der schmalen Seite auf die Schale klopfen. Schon fallen die Kerne heraus!

6. Petersilie oder Koriander waschen, trocken tupfen und hacken.

7. Den Eintopf mit Salz und Pfeffer abschmecken, auf Teller verteilen, mit den Granatapfelkernen bestreuen und nach Belieben mit Petersilie oder Koriander garniert servieren.

TIPP: Statt Grünkohl können Sie für diesen portugiesisch inspirierten Eintopf (Caldo verde) auch andere Kohlsorten wie Wirsing oder Pak Choi verwenden.

Kürbis-»Risotto« mit Graupen

Für 4 Portionen • Pro Portion: 404 kcal, 12 g E, 17 g F, 52 g KH

40 g Parmesan

800 g Hokkaido-Kürbis

1 kleine Zwiebel

2 Knoblauchzehen

1 EL Rapsöl

250 g Graupen

600 ml Gemüsebrühe

etwas geriebene Muskatnuss

2 Stängel glatte Petersilie

30 g Butter

Salz, Pfeffer

1. Den Parmesan in Stücke brechen, in den Mixtopf geben, Messbecher aufsetzen und Käse **10 Sekunden/Stufe 8** reiben. In eine Schüssel umfüllen und beiseitestellen.

2. Den Kürbis waschen (die Schale wird mitverwendet), entkernen und grob in Stücke schneiden. Etwa 50 g Kürbis in ½ cm große Würfel schneiden und in den Varoma legen. Die Zwiebel abziehen und vierteln. Den Knoblauch schälen.

3. Den grob zerteilten Kürbis in den Mixtopf geben und **4 Sekunden/Stufe 5** zerkleinern. In eine Schüssel umfüllen. Den Mixtopf nicht säubern.

4. Zwiebel und Knoblauch in den Mixtopf geben und mit aufgesetztem Messbecher **5 Sekunden/Stufe 5** zerkleinern. Mit dem Spatel nach unten schieben, das Öl dazugießen und Gemüse **3 Minuten/120 °C/Stufe 1,5** dünsten.

5. Die Graupen in ein Sieb geben, mit lauwarmen Wasser abbrausen, abtropfen lassen und in den Mixtopf geben. **3 Minuten/100 °C/Stufe 1 linksdrehend** dünsten. Mit 150 ml Brühe ablöschen und **3 Minuten/100 °C/Stufe 2 linksdrehend** vorgaren.

6. Die restliche Brühe und den Kürbis dazugeben, mit Muskatnuss würzen, den Varoma mit den Kürbiswürfeln aufsetzen und alles zusammen **20 Minuten/100 °C/Stufe 1 linksdrehend** garen, bis nahezu alle Flüssigkeit aufgesogen ist.

7. Die Petersilie waschen und mit Küchenkrepp trocken tupfen. Die Blätter von den Stängeln zupfen und hacken.

8. Butter und Parmesan mit dem Spatel unter die Kürbisgraupen mischen und alles 1 Minute im Topf quellen lassen. Mit Salz und Pfeffer abschmecken. Kürbiswürfel aus dem Varoma dazugeben und **10 Sekunden/Stufe 2 linksdrehend** vermischen.

9. Kürbis-»Risotto« auf 4 Teller verteilen und mit der gehackten Petersilie bestreut servieren.

TIPP: **Wer sich vegan ernährt, kann den Parmesan durch 25 g gemahlene Walnusskerne oder Haselnüsse ersetzen. Der Risotto wird dann zwar nicht so cremig, bekommt aber ein leicht nussiges Aroma.**

Risotto mit Pfifferlingen

Für 4 Portionen • Pro Portion: 448 kcal, 11 g E, 18 g F, 62 g KH

40 g Parmesan

300 g frische Pfifferlinge

1 Zwiebel

1 Knoblauchzehe

50 g Butter

300 g Risottoreis (z. B. Vialone oder Arborio)

750 ml Gemüsebrühe

2 Stängel glatte Petersilie

Salz, Pfeffer

1. Den Parmesan in Stücke brechen, in den Mixtopf geben, Messbecher aufsetzen und Käse **10 Sekunden/Stufe 8** reiben. In eine Schüssel umfüllen und beiseitestellen.

2. Die Pfifferlinge putzen und mit einer weichen Bürste abreiben. Einige schöne Exemplare (etwa ⅓ der Pilze) in den Varoma legen. Die Zwiebel abziehen und vierteln. Den Knoblauch schälen.

3. 20 g Butter in den Mixtopf geben und **30 Sekunden/100 °C/Stufe 1** schmelzen. Zwiebel und Knoblauch dazugeben, den Messbecher aufsetzen und Gemüse **5 Sekunden/Stufe 5** zerkleinern. Mit dem Spatel nach unten schieben, die Pilze, die nicht im Varoma sind, dazugeben und alles **3 Minuten/100 °C/Stufe 1,5 linksdrehend** dünsten.

4. Den Reis in einem Sieb abbrausen und abtropfen lassen. In den Mixtopf füllen und alles zusammen weitere **3 Minuten/100 °C/Stufe 1 linksdrehend** dünsten.

5. Die Brühe dazugießen, den Varoma aufsetzen und alles **12 Minuten/100 °C/Stufe 1 linksdrehend** garen.

6. Die Petersilie waschen, mit Küchenkrepp trocken tupfen, die Blätter von den Stängeln zupfen und hacken.

7. Die Hälfte der Petersilie, die restliche Butter und den Parmesan mit dem Spatel unter den Risotto heben und den Reis noch 1 Minute im Topf quellen lassen. Mit Salz und Pfeffer abschmecken und **10 Sekunden/Stufe 2 linksdrehend** vermischen.

8. Risotto auf 4 Teller verteilen, die Pilze aus dem Varoma jeweils in die Mitte geben und mit der restlichen Petersilie bestreut servieren.

Spaghetti mit Pfifferlingen

Für 4 Portionen • Pro Portion: 530 kcal, 19 g E, 22 g F, 66 g KH

80 g Parmesan
300 g Pfifferlinge
2 Stängel glatte Petersilie
50 g Butter
750 ml Gemüsebrühe
360 g Spaghetti oder andere Teigwaren
Salz, Pfeffer

1. Den Parmesan in Stücke brechen, in den Mixtopf geben, Messbecher aufsetzen und Käse **10 Sekunden/Stufe 8** reiben. In eine Schüssel umfüllen und beiseitestellen.

2. Die Pfifferlinge mit einer weichen Bürste putzen und die erdigen Stiele abschneiden. Größere Pilze halbieren oder vierteln. Petersilie waschen, mit Küchenkrepp trocken tupfen und die Blätter von den Stielen zupfen.

3. Die Butter in den Mixtopf geben **und 45 Sekunden/100 °C/Stufe 1** schmelzen. Petersilie dazugeben und mit aufgesetztem Messbecher **3 Sekunden/Stufe 5** zerkleinern. Mit dem Spatel nach unten schieben und den Vorgang wiederholen.

4. Die Pilze dazugeben und **4 Minuten/100 °C/Stufe 1,5 linksdrehend** dünsten.

5. Gemüsebrühe in den Mixtopf gießen und in **6 Minuten/100 °C/Stufe 1 linksdrehend** zum Kochen bringen. Spaghetti durch die Deckelöffnung hineingeben, Zeit nach Packungsanleitung einstellen und Nudeln bei **100 °C/Stufe 1,5 linksdrehend** bissfest kochen. Zwischendurch kontrollieren, ob noch genug Flüssigkeit im Mixtopf ist – die Teigwaren verbrauchen je nach Hersteller unterschiedlich viel Wasser.

6. Nudelgericht mit Salz und Pfeffer abschmecken, auf 4 Teller verteilen und den Parmesan getrennt dazu servieren.

TIPP: Wenn Pfifferlinge noch zu teuer oder nicht in annehmbarer Qualität zu kaufen sind, können Sie für das Gericht auch andere Pilze wie Kräuterseitlinge oder Austernpilze verwenden, die immer zu haben sind.

Schmortöpfe

Weißkohlschmortopf mit Möhren und Hackfleisch

Für 4 Portionen • Pro Portion: 379 kcal, 24 g E, 25 g F, 14 g KH

600 g Weißkohl

1 ½ l Wasser

Salz

1 EL Kümmel

250 g Möhren

1 große Zwiebel

1 Knoblauchzehe

2 EL Rapsöl

400 g Rinderhackfleisch

800 ml Rinder- oder Gemüsebrühe

4 Stängel glatte Petersilie

Pfeffer

1. Vom Weißkohl die äußeren Blätter entfernen, den Strunk herausschneiden und die Blätter in ca. 3 cm breite Streifen schneiden. Wasser mit etwas Salz und Kümmel in den Mixtopf füllen und in **10 Minuten/Varoma/Rührstufe** zum Kochen bringen. Weißkohl hineingeben und in **6–7 Minuten/Varoma/Stufe 1 linksdrehend** bissfest garen. Durch ein Sieb abgießen und beiseitestellen. Den Mixtopf abtrocknen.

2. Die Möhren schälen, putzen, waschen und in ½ cm dicke Scheiben schneiden. Zwiebel abziehen und grob zerkleinern. Die Knoblauchzehe schälen.

3. Zwiebel und Knoblauch mit dem Öl in den Mixtopf geben, Messbecher aufsetzen und zusammen **3 Minuten/120 °C/Stufe 1,5** dünsten.

4. Das Rinderhackfleisch mit einer Gabel zerpflücken, zu den Zwiebeln geben und **2 Minuten/120 °C/Stufe 2 linksdrehend** anbraten. Möhren und Brühe dazugeben und **20 Minuten/100 °C/Stufe 2 linksdrehend** schmoren.

5. In der Zwischenzeit die Petersilie waschen und mit Küchenkrepp trocken tupfen. Die Blätter von den Stängeln zupfen und hacken.

6. Den Weißkohl in den Mixtopf zum Hackfleisch geben und in **5 Minuten/100 °C/Stufe 2 linksdrehend** aufkochen lassen.

7. Schmortopf mit Salz und Pfeffer abschmecken, auf 4 Teller verteilen und mit der gehackten Petersilie bestreut servieren.

TIPP: **Der herbstliche Schmortopf schmeckt auch gut mit Wirsing oder Grünkohl. Nach Belieben etwas gesalzene saure Sahne oder Schmand getrennt dazu reichen.**

Grünkohl-Hackfleisch-Schmortopf

Für 4 Portionen • Pro Portion: 318 kcal, 16 g E, 20 g F, 19 g KH

1 weiße Zwiebel
200 g Steckrübe oder Knollensellerie
200 g gemischtes Hackfleisch
2 EL Olivenöl
300 g Grünkohl
300 g festkochende Kartoffeln
750 ml Gemüsebrühe
1 TL Kümmel
Salz, Pfeffer

1. Die Zwiebel abziehen und vierteln. Steckrübe putzen, schälen und grob zerschneiden. Beides in den Mixtopf geben, Messbecher aufsetzen und **10 Sekunden/Stufe 8** zerkleinern. Mit dem Spatel nach unten schieben.

2. Das Hackfleisch mit einer Gabel zerpflücken und mit dem Öl in den Mixtopf geben. **5 Minuten/120 °C/Stufe 2 linksdrehend** dünsten.

3. In der Zwischenzeit den Grünkohl putzen, gründlich waschen und in mundgerechte Stücke zupfen. Die Kartoffeln schälen (oder nur mit einer Bürste reinigen), waschen und in Würfel schneiden. Beides in den Varoma legen.

4. Brühe und Kümmel in den Mixtopf geben, Varoma aufsetzen und das Ganze **30 Minuten/Varoma/Stufe 0,5 linksdrehend** garen.

5. Varoma abnehmen, den Eintopf mit Salz und Pfeffer abschmecken und das Gemüse aus dem Varoma **1 Minute/100 °C/Stufe 3 linksdrehend** unterrühren.

6. Schmortopf auf 4 Teller verteilen und gleich servieren.

Putenragout mit Zwetschgen

Für 4 Portionen • Pro Portion: 283 kcal, 39 g E, 9 g F, 10 g KH

1 große weiße Zwiebel
2 EL Olivenöl
600 g Putengulasch
3 Zweige Thymian
2 Knoblauchzehen
2 Lorbeerblätter
200 ml Wildfond
300 g Zwetschgen
Salz, Pfeffer

1. Die Zwiebel abziehen und vierteln. Mit dem Öl in den Mixtopf geben, Messbecher aufsetzen und **5 Sekunden/Stufe 5** zerkleinern. Mit dem Spatel nach unten schieben und **3 Minuten/120 °C/Stufe 1,5** dünsten.

2. Das Fleisch in mundgerechte Stücke schneiden, zu den Zwiebeln geben und **6 Minuten/120 °C/Stufe 1,5 linksdrehend** schmoren.

3. Thymian waschen. Die Knoblauchzehen mit der stumpfen Seite auf die Arbeitsfläche drücken, sodass sie aufplatzen. Thymian, Knoblauch, Lorbeerblätter und Wildfond in den Mixtopf geben und das Ganze **40 Minuten/90 °C/Stufe 0,5 linksdrehend** sanft schmoren.

4. In der Zwischenzeit die Zwetschgen waschen, halbieren und entsteinen. Zum Fleisch geben und alles zusammen weitere **15 Minuten/90 °C/Stufe 0,5 linksdrehend** schmoren lassen.

5. Lorbeerblätter und Thymianzweige nach Möglichkeit entfernen und das Gericht mit Salz und Pfeffer kräftig abschmecken.

TIPP: **Herbst ist Wildsaison! Sie können für dieses Rezept auch Reh- oder Hirschfleisch verwenden. Dieses wird besonders zart, wenn Sie anstelle des Fonds Rotwein nehmen.**

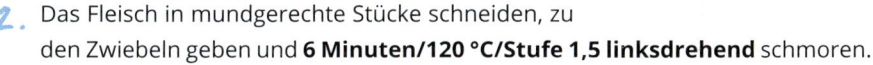

Gulasch mit viel Gemüse

Für 4 Portionen • Pro Portion: 259 kcal, 24 g E, 13 g F, 10 g KH

1 große Zwiebel

2 Knoblauchzehen

1 rote Peperonischote nach Belieben

2 EL Rapsöl

200 g Rindergulasch

1 Fleischtomate

2 EL Paprikapulver, edelsüß
  (nach Belieben ein Teil davon rosenscharf)

1 TL Kümmel

1 EL getrockneter Majoran

700 ml Gemüse- oder Fleischbrühe

1 rote Paprikaschote

300 g Möhren

400 g Kartoffeln

200 g Debreziner-Würstchen nach Belieben

2 Stängel Petersilie

Salz, Pfeffer

1. Zwiebel abziehen und vierteln. Knoblauchzehen schälen. Peperonischote waschen, längs aufschlitzen und Kerne und Trennhäute entfernen.

2. Zwiebel, Knoblauch und Peperoni in den Mixtopf geben und mit aufgesetztem Messbecher **5 Sekunden/Stufe 5** zerkleinern. Mit dem Spatel nach unten schieben, das Öl dazugeben und Gemüse **3 Minuten/120 °C/Stufe 1,5** dünsten.

3. Das Fleisch in mundgerechte Stücke schneiden, in den Mixtopf geben und **5 Minuten/120 °C/Stufe 1 linksdrehend** schmoren.

4. Die Tomate waschen, halbieren, den Stielansatz entfernen, das Fruchtfleisch grob zerschneiden und in den Mixtopf geben.

5. Paprikapulver, Kümmel, Majoran und 200 ml Brühe dazugeben und alles **45 Minuten/90 °C/Stufe 1 linksdrehend** sanft schmoren.

6. In der Zwischenzeit die Paprikaschote waschen, putzen und in Rauten schneiden. Möhren und Kartoffeln schälen, waschen und würfeln. Nach Belieben die Würstchen in Scheiben schneiden und in den Varoma legen.

7. Das vorbereitete Gemüse zum Fleisch geben, die restliche Brühe angießen, den Varoma aufsetzen und Gulasch **20 Minuten/100 °C/Stufe 1 linksdrehend** weiter garen.

8. Die Petersilie waschen, trocken schütteln, die Blätter von den Stielen zupfen und hacken.

9. Gulasch mit Salz und Pfeffer abschmecken und die Wurstscheiben mit dem Spatel einrühren. Gulasch auf 4 Teller verteilen und mit der Petersilie bestreut servieren.

TIPP: **Ein frisches Brötchen oder Semmelknödel passen gut dazu. Diese können Sie als Fertigprodukt (aus dem Kühlregal) verwenden und unter Punkt 5 – während das Fleisch gart – bereits oben im Varoma mitgaren.**

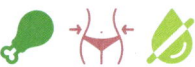

Putengulasch mit Pilzen

Für 4 Portionen • Pro Portion: 228 kcal, 43 g E, 4 g F, 4 g KH

20 g getrocknete gemischte Pilze

100 ml lauwarmes Wasser

2 Zwiebeln

2 Knoblauchzehen

2 EL Rapsöl

600 g Putenbrust

150 ml Gemüse- oder Geflügelbrühe

2 Lorbeerblätter

1 TL getrockneter Thymian

300 g frische Pilze (je nach Marktlage z. B.
  Steinpilze, Kräuterseitlinge oder Herbsttrompeten)

½ Bio-Zitrone

2 Stängel glatte Petersilie

Salz, Pfeffer

1. Getrocknete Pilze grob hacken oder zerbröseln und in einer Schüssel mit lauwarmem Wasser einweichen.

2. Die Zwiebeln abziehen und vierteln. Die Knoblauchzehen schälen. Beides in den Mixtopf geben und mit aufgesetztem Messbecher **5 Sekunden/Stufe 5** zerkleinern. Mit dem Spatel nach unten schieben, das Öl dazugeben und Gemüse **3 Minuten/120 °C/Stufe 1,5** dünsten.

3. Die Putenbrust in mundgerechte Würfel schneiden, zu den Zwiebeln in den Mixtopf geben und **5 Minuten/120 °C/Stufe 1 linksdrehend** schmoren.

4. Brühe, Pilze mit Einweichwasser, Lorbeerblätter und Thymian dazugeben und alles zugedeckt **20 Minuten/100 °C/Rührstufe linksdrehend** garen.

5. In der Zwischenzeit die frischen Pilze putzen und mit einer weichen Bürste oder Küchenkrepp reinigen. In etwa 2 cm große Stücke schneiden oder brechen.

6. Die Pilze mit dem Spatel unter das Fleisch heben und alles zusammen weitere **8 Minuten/100 °C/Rührstufe linksdrehend** garen.

7. Die Zitrone waschen und 1–2 TL Schale abraspeln. Den Saft auspressen. Die Petersilie waschen, trocken schütteln, die Blätter von den Stängeln zupfen und hacken. Petersilie mit der Zitronenschale vermischen.

8. Die Lorbeerblätter nach Möglichkeit herausfischen. Gulasch mit Salz, Pfeffer und Zitronensaft abschmecken. Auf 4 Teller verteilen und mit Petersilie-Zitronen-Gemisch bestreut servieren.

TIPP: **Dazu können Sie einfach frisches Brot oder Brötchen essen. Gut schmecken auch Bandnudeln, die während der Kochzeit auf dem Herd zubereitet werden.**

Geschmorter Weißkohl mit Kasseler

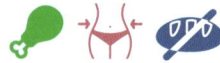

Für 4 Portionen • Pro Portion: 198 kcal, 14 g E, 11 g F, 10 g KH

1 kg Weißkohl

1 große Zwiebel

1–2 Knoblauchzehen

2 EL Rapsöl

200 g Kasseler oder gekochter Schinken

1 EL Kümmel nach Belieben

500 ml Gemüse- oder Fleischbrühe

4 Stängel Dill oder Basilikum

Salz, Pfeffer

1. Den Weißkohl in Blätter teilen, waschen und die harten Mittelrippen heraustrennen. Rippen grob zerschneiden.

2. Die Zwiebel abziehen und vierteln. Den Knoblauch schälen. Zwiebel, Knoblauch und Kohlrippen in den Mixtopf geben, Messbecher aufsetzen und alles **5 Sekunden/Stufe 5** zerkleinern. Das Öl dazugeben und Gemüse **3 Minuten/120 °C/ Stufe 1,5** dünsten.

3. Die Kohlblätter grob zerschneiden, in den Mixtopf geben und mithilfe des Spatels **4 Sekunden/Stufe 5** zerkleinern. Kasseler in etwa 1 cm große Würfel schneiden und in den Varoma legen.

4. Kümmel und Brühe in den Mixtopf geben, den Varoma aufsetzen und das Ganze **25 Minuten/Varoma/Stufe 2 linksdrehend** schmoren lassen. Zwischendurch kontrollieren, ob noch genug Flüssigkeit im Mixtopf ist.

5. Den Dill waschen, trocken schütteln, die Blättchen von den Stängeln zupfen und fein hacken.

6. Den Kohl mit Salz und Pfeffer abschmecken, das Kasseler dazugeben und **4 Sekunden/Stufe 5** (Spritzschutz!) untermischen. Auf 4 Teller verteilen und mit dem Dill bestreut servieren.

TIPP: Wer es nach ungarischer Art schärfer mag, kann 1 EL Paprikapulver (rosenscharf) unter Punkt 4 in die Brühe geben. Wenn es dann doch zu scharf wird: 1–2 EL saure Sahne wirken mildernd.

Hirschgulasch

Für 4 Portionen • Pro Portion: 273 kcal, 29 g E, 11 g F, 15 g KH

150 g Schalotten

2 Knoblauchzehen

1 EL Rapsöl

500 g Hirschgulasch

25 g dunkle Schokolade

½ TL gemahlener Zimt

1 Lorbeerblatt

800 ml Wildfond

2 EL Speisestärke

50 g Preiselbeergelee

Salz, Pfeffer

1. Die Schalotten abziehen und halbieren. Die Knoblauchzehen schälen. Beides mit dem Öl in den Mixtopf geben, Messbecher aufsetzen und **3 Sekunden/Stufe 5** zerkleinern. Mit dem Spatel nach unten schieben und **4 Minuten/120 °C/Stufe 1** dünsten.

2. Das Fleisch in mundgerechte Stücke schneiden. Fleisch, Schokolade, Zimt und Lorbeerblatt in den Mixtopf geben, den Fond angießen und in **7 Minuten/100 °C/Stufe 1 linksdrehend** zum Kochen bringen.

3. Fleisch **60–80 Minuten/85 °C/Rührstufe** mild schmoren lassen, bis es weich ist.

4. Die Speisestärke in 3 EL kaltem Wasser glatt rühren. **5 Minuten/100 °C/Stufe 2 linksdrehend** am Gerät einstellen und die Speisestärke durch die Deckelöffnung nach und nach dazugeben. Kurz vor Ende dieser Kochzeit das Preiselbeergelee durch die Deckelöffnung einrühren.

5. Gulasch mit Salz und Pfeffer abschmecken und mit Baguette servieren. Alternativ können Sie Salzkartoffeln oder Spätzle dazu reichen.

TIPP: **Gedämpfte Birnen sind eine klassische Beilage zu Wild. 2 geschälte, halbierte und entkernte Birnen im Varoma dämpfen (während unten der Hirsch schmort) und mit je 1 EL Preiselbeergelee füllen.**

Chicorée mit Mettwurst

Für 4 Portionen • Pro Portion: 371 kcal, 13 g E, 32 g F, 8 g KH

½ **Zitrone**
800 g **Chicorée**
4 **Lauchzwiebeln**
3 EL **Rapsöl**
600 ml **Gemüse- oder Fleischbrühe**
200 g **Mettwurst**
100 ml **Sahne**
Salz, Pfeffer

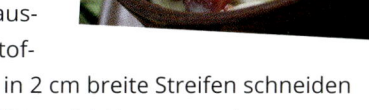

1. Die Zitrone auspressen. Chicorée vón den äußeren Blättern befreien, waschen, längs halbieren und eventuell die Strünke keilförmig herausschneiden – sie enthalten die meisten Bitterstoffe, die aber sehr gesund sind. Chicorée quer in 2 cm breite Streifen schneiden und mit Zitronensaft beträufeln, damit die Blätter nicht braun werden.

2. Die Lauchzwiebeln putzen und waschen. Etwas vom dunklen Grün in Ringe schneiden und zum Garnieren beiseitelegen. Restliche Lauchzwiebeln grob zerschneiden.

3. Lauchzwiebeln mit 2 EL Öl in den Mixtopf geben und mit aufgesetztem Messbecher **5 Sekunden/Stufe 5** zerkleinern. Mit dem Spatel nach unten schieben und **3 Minuten/120 °C/Stufe 1,5** dünsten. Den Chicorée dazugeben und weitere **2 Minuten/120 °C/Stufe 1,5** schmoren.

4. Die Brühe angießen und das Gemüse **12 Minuten/100 °C/Stufe 1 linksdrehend** weich garen.

5. In der Zwischenzeit die Mettwurst in dünne Scheiben schneiden und im restlichen Öl in einer beschichteten Pfanne knusprig braten. Auf Küchenkrepp abtropfen lassen.

6. Die Sahne zum Chicorée geben, mit Salz und Pfeffer würzen und **4 Minuten/ 100 °C/Stufe 1 linksdrehend** erhitzen.

7. Gemüse auf 4 Teller verteilen, die Mettwurstscheiben obenauf legen und das Zwiebelgrün darüberstreuen.

Zucchini-Auberginen-Eintopf mit Hackfleisch

Für 4 Portionen • Pro Portion: 431 kcal, 26 g E, 31 g F, 13 g KH

400 g Auberginen
Salz
300 g Zucchini
1 gelbe Paprikaschote
1 Zwiebel
2 Knoblauchzehen
400 g Rinderhackfleisch
3 EL Olivenöl
400 g Tomaten (oder 1 Dose stückige Tomaten)
500 ml Gemüsebrühe
1 EL getrockneter Oregano oder Majoran
1 EL Paprikapulver, rosenscharf oder edelsüß
Pfeffer

1. Die Auberginen waschen, putzen und in etwa 2 cm große Würfel schneiden. Mit 1 TL Salz vermischen und 20 Minuten ziehen lassen, damit sie überschüssiges Wasser verlieren. Zucchini waschen, putzen und in 1 ½ cm dicke Scheiben schneiden. Die Paprikaschote waschen, putzen und grob zerschneiden.

2. Die Zwiebel abziehen und vierteln. Die Knoblauchzehen schälen. Beides mit dem Olivenöl in den Mixtopf geben, Messbecher aufsetzen und Gemüse **5 Sekunden/Stufe 5** zerkleinern. Paprikastücke dazugeben und **3 Sekunden/Stufe 4** zerkleinern. Das Hackfleisch mit einer Gabel zerpflücken und dazugeben. **15 Minuten/100 °C/Stufe 1 linksdrehend** dünsten.

3. Die Tomaten waschen, halbieren, Stielansätze und Kerne entfernen und das Fruchtfleisch grob zerschneiden. Die Auberginen ausdrücken. Beides zusammen mit den Zucchini in den Mixtopf geben, die Brühe angießen und mit Oregano und Paprikapulver würzen.

4. Eintopf **20 Minuten/90 °C/Stufe 1 linksdrehend** schmoren. Mit Salz und Pfeffer abschmecken und auf 4 tiefe Teller verteilen.

TIPP 1: Reichen Sie getrennt dazu frisches Brot und 150 ml gesalzene saure Sahne, die Sie – ganz orientalisch – mit etwas Harissa und Chiliöl würzen können.

TIPP 2: Sehr geeignet für dieses Rezept ist auch Hackfleisch vom Lamm – Sie bekommen es in türkischen Läden.

Hähnchenbrust mit Curryspinat

Für 4 Portionen • Pro Portion: 323 kcal, 23 g E, 23 g F, 5 g KH

300 g Hähnchenbrustfilet

500 g frischer Blattspinat

1 l Wasser

1 Zwiebel

2 Knoblauchzehen

1 Stück Ingwer (etwa walnussgroß)

1 EL Rapsöl

100 ml Gemüsebrühe

1–2 EL Currypaste oder -pulver

2 TL gemahlene Kurkuma

400 ml Kokosmilch

Salz

etwas Zitronensaft

½ TL Chiliflocken nach Belieben

1. Das Hähnchenbrustfilet von Sehnen befreien und in etwa 1 ½ cm breite Scheiben schneiden. In das Garkörbchen legen.

2. Den Spinat gründlich waschen, verlesen und abtropfen lassen. Dann grob hacken und in den Varoma legen.

3. Wasser in den Mixtopf füllen, Garkörbchen einhängen und Varoma aufsetzen. Hähnchen und Spinat **25 Minuten/Varoma/Rührstufe** dünsten. Anschließend beiseitestellen. Mixtopf ausleeren und abtrocknen.

4. Zwiebel abziehen und vierteln. Knoblauchzehen und Ingwer schälen. Ingwer grob zerschneiden. Alles zusammen mit dem Öl in den Mixtopf geben und **5 Sekunden/Stufe 5** zerkleinern. Mit dem Spatel nach unten schieben und **3 Minuten/120 °C/Stufe 1,5** dünsten.

5. Gemüsebrühe, Curry und Kurkuma dazugeben und in **5 Minuten/100 °C/Stufe 1** aufkochen. Kokosmilch, Hähnchenfleisch und Spinat in die Brühe geben und **5 Minuten/80 °C/Stufe 2 linksdrehend** erwärmen.

6. Mit Salz und Zitronensaft abschmecken, auf 4 Tellern anrichten und – nach Belieben – mit Chiliflocken bestreut servieren.

Aus dem Ofen

Apfelrotkohl mit Hackfleisch

Für 4 Portionen • Pro Portion: 433 kcal, 23 g E, 28 g F, 21 g KH

500 g Rotkohl

1 Sternanis

1 Stück Zimtrinde (ca. 5 cm)

300 ml Wasser

Salz, Pfeffer

1–2 EL weißer Essig

300 g Kartoffeln

1 Zwiebel

2 EL Rapsöl

400 g gemischtes Hackfleisch

100 ml Gemüsebrühe

1 TL gemahlener Koriander

1 TL gemahlener Kreuzkümmel

1 Apfel

15 g Butter

1. Die äußeren Blätter des Rotkohls abtrennen, den Kohl halbieren und den harten Strunk in der Mitte entfernen. Rotkohl grob zerschneiden, in den Mixtopf geben, Messbecher aufsetzen und **10 Sekunden/Stufe 4** zerkleinern. Sternanis und Zimtrinde in den Varoma geben und den Rotkohl darauf verteilen.

2. Wasser mit etwas Salz in den Mixtopf geben, Varoma aufsetzen und Rotkohl **30 Minuten/Varoma/Rührstufe** garen.

3. Währenddessen Backofen auf 100 °C Ober-/Unterhitze (Umluft 80 °C) vorheizen.

4. Rotkohl in eine feuerfeste Schüssel mit hohem Rand umfüllen, mit Salz, Pfeffer und Essig würzen und im Backofen zugedeckt warm halten. Varoma und Mixtopf spülen (der Farbstoff des Rotkohls würde sonst alles andere rötlich-blau färben).

5. Die Kartoffeln schälen, waschen, in mundgerechte Stücke schneiden und in den Varoma legen.

6. Die Zwiebel abziehen und vierteln. Mit dem Öl in den Mixtopf geben, Messbecher aufsetzen und **5 Sekunden/Stufe 5** zerkleinern. Mit dem Spatel nach unten schieben. Das Hackfleisch mit einer Gabel zerpflücken, in den Mixtopf geben und **7 Minuten/100 °C/Stufe 0,5 linksdrehend** dünsten.

7. Gemüsebrühe und Gewürze dazugeben, Varoma mit den Kartoffeln aufsetzen und das Ganze **20 Minuten/100 °C/Rührstufe linksdrehend** garen.

8. In der Zwischenzeit den Apfel schälen, vierteln, Kerngehäuse entfernen und das Fruchtfleisch würfeln. Butter in einer beschichteten Pfanne mild erhitzen und die Apfelwürfel darin goldgelb braten.

9. Hackfleisch mit Salz und Pfeffer abschmecken, zum Rotkohl geben und leicht unterheben. Die Kartoffeln und Apfelwürfel obenauf legen und alles sofort servieren.

Spinatquiche mit Schafskäse

Für 6 Portionen • Pro Portion: 367 kcal, 14 g E, 26 g F, 20 g KH

150 g Weizenmehl (Type 550) + etwas für die Arbeitsfläche

Salz

100 g weiche Butter + etwas für die Form

3 Eier, Größe M

750 g frischer Spinat

4 Lauchzwiebeln

1 Knoblauchzehe

1 EL Olivenöl

150 g Schafskäse

etwas geriebene Muskatnuss

Pfeffer

1. Mehl, 1 Prise Salz, Butter in Flocken und 1 Ei in den Mixtopf geben und **20 Sekunden/Stufe 4** vermischen. Teig auf die bemehlte Arbeitsfläche kippen und mit den Händen zu einer Kugel formen. In Frischhaltefolie wickeln und 30–60 Minuten im Kühlschrank ruhen lassen.

2. In der Zwischenzeit den Spinat waschen, verlesen und gut trocken schleudern. Lauchzwiebeln putzen, waschen und mit viel Grün grob zerschneiden. Die Knoblauchzehe schälen.

3. Den Backofen auf 180 °C Ober-/Unterhitze (Umluft 160 °C) vorheizen.

4. Lauchzwiebeln, Knoblauch und Öl in den Mixtopf geben, Messbecher aufsetzen und Gemüse **5 Sekunden/Stufe 5** zerkleinern. Mit dem Spatel nach unten schieben und **3 Minuten/120 °C/Stufe 1,5** dünsten.

5. Den Spinat in 2–3 Portionen dazugeben und mithilfe des Spatels jeweils **5 Sekunden/Stufe 5** zerkleinern. (Zwischendurch nicht mit dem Spatel nach unten schieben!) Anschließend **3 Minuten/100 °C/Stufe 2,5** dünsten.

6. Schafskäse aus der Packung nehmen, abtropfen lassen und würfeln. Die Hälfte der Käsewürfel mit den restlichen Eiern, Muskatnuss, Salz und Pfeffer **10 Sekunden/Stufe 3 linksdrehend** unter den Spinat mischen.

7. Eine Quicheform (ca. 27 cm Durchmesser) dünn mit Butter einfetten und mit dem Teig auskleiden. Dabei einen Rand hochziehen. Den Teig mehrmals mit einer Gabel einstechen.

8. Die Spinat-Käse-Masse auf dem Teig verteilen und mit den restlichen Käsewürfeln bestreuen. Quiche 25 Minuten auf der mittleren Schiene im Ofen backen, bis Teigrand und Käse goldgelb sind.

Brokkoli-Rosenkohl-Torte

Für 6 Portionen • Pro Portion: 535 kcal, 19 g E, 34 g F, 38 g KH

240 g Weizenmehl (Type 550) + etwas für die Arbeitsfläche

120 g Butter + etwas für die Form

3 Eier, Größe M

Salz

50 g geriebener Pecorino oder Parmesan

400 g Brokkoli

200 g Rosenkohl

1 l Wasser

150 g Cherry-Rispentomaten

1 kleine rote Paprikaschote

1 Bund Lauchzwiebeln

5 Stängel Dill oder Petersilie

1 EL Olivenöl

200 ml saure Sahne

50 ml Milch

Pfeffer

25 g entsteinte grüne oder schwarze Oliven

½ Zitrone

1. Für den Teig Mehl, Butter in Flocken, 1 Ei und 1 Prise Salz in den Mixtopf geben und **30 Sekunden/Teigstufe** vermischen. Teig auf die bemehlte Arbeitsfläche kippen und mit den Händen zu einer Kugel formen. In Klarsichtfolie gewickelt mindestens 30 Minuten im Kühlschrank ruhen lassen.

2. Pecorino zerteilen, in den Mixtopf geben, Messbecher aufsetzen und Käse **10 Sekunden/Stufe 8** reiben. In eine Schüssel umfüllen und beiseitestellen.

3. Brokkoli in Röschen teilen, Rosenkohl putzen. Beides waschen und in den Varoma legen. Wasser in den Mixtopf füllen, den Varoma aufsetzen und Gemüse **20 Minuten/Varoma/Rührstufe** dämpfen.

4. Tomaten waschen und in Scheiben schneiden. Paprikaschote waschen, putzen und in Streifen schneiden. Lauchzwiebeln putzen, waschen und grob in Stücke schneiden. Dill waschen, trocken schütteln, die Blätter von den Stängeln zupfen und fein hacken.

5. Den Backofen auf 180 °C Ober-/Unterhitze (Umluft 160 °C) vorheizen.

6. Den Varoma abnehmen und beiseitestellen. Mixtopf ausleeren und abtrocknen. Lauchzwiebeln mit dem Öl hineingeben und **5 Sekunden/Stufe 5** zerkleinern. Mit dem Spatel nach unten schieben und **3 Minuten/120 °C/Stufe 1,5** dünsten.

7. Pecorino, saure Sahne, Milch, restliche Eier, Salz und Pfeffer dazugeben und **10 Sekunden/Stufe 3** verrühren.

8. Eine gefettete Springform (ca. 27 cm Durchmesser) mit dem Teig auskleiden – dabei einen Rand hochziehen. Brokkoli und Rosenkohl einfüllen, mit den Tomatenscheiben, Paprikastreifen und Oliven belegen.

9. Gemüse mit der Käse-Eier-Mischung begießen. Kuchen 40–45 Minuten im Ofen backen, bis der Teigrand goldgelb und der Käse geschmolzen ist. Mit Dill bestreut servieren und die Zitrone getrennt dazu reichen.

TIPP: **Sehr lecker schmecken in Streifen geschnittene getrocknete Tomaten, die Sie zusammen mit den Oliven auf die Torte geben.**

Rote-Bete-Torte

Für 6 Portionen • Pro Portion: 527 kcal, 19 g E, 33 g F, 39 g KH

240 g Weizenmehl (Type 550) + etwas für die Arbeitsfläche

120 g Butter + etwas für die Form

3 Eier, Größe M

Salz

150 g Bergkäse, Beemster oder anderer würziger Käse

2 kleine rote Zwiebeln

2 Knoblauchzehen

500 g frische Rote Bete

1 TL Kümmel

150 ml Milch

Pfeffer

50 g Mandelstifte

1. Mehl, Butter in Flocken, 1 Ei und 1 Prise Salz in den Mixtopf geben und **20 Sekunden/Stufe 4** vermischen. Teig auf die bemehlte Arbeitsfläche schütten und rasch mit den Händen zu einer Kugel formen. In Klarsichtfolie gewickelt mindestens 30 Minuten im Kühlschrank ruhen lassen. Den Mixtopf spülen und abtrocknen.

2. Den Backofen auf 180 °C Ober-/Unterhitze (Umluft 160 °C) vorheizen.

3. Den Käse in Stücke schneiden, in den Mixtopf geben, Messbecher aufsetzen und Käse **10 Sekunden/Stufe 8** raspeln. In eine Schüssel umfüllen und beiseitestellen.

4. Zwiebeln abziehen und vierteln. Knoblauchzehen schälen. Die Rote Bete putzen, dünn abschälen und grob würfeln. (Schützen Sie Ihre Hände mit Einmalhandschuhen vor dem roten Farbstoff!)

5. Zwiebeln, Knoblauch und Rote Bete mit dem Kümmel in den Mixtopf geben, Messbecher aufsetzen und Gemüse **3 Sekunden/Stufe 4** zerkleinern. Mit dem Spatel nach unten schieben, die Hälfte vom Käse dazugeben und **5 Sekunden/Stufe 3** unterrühren.

6. Eine leicht gefettete Springform (ca. 27 cm Durchmesser) mit dem Teig auskleiden, dabei einen Rand hochziehen. Die Rote-Bete-Mischung darauf verteilen. Mixtopf spülen.

7. Milch, die restlichen Eier, den restlichen Käse, Salz und Pfeffer in den Mixtopf geben und **6 Sekunden/Stufe 3** verquirlen. Das Gemüse damit begießen, die Masse leicht mit einer Gabel unterheben und alles mit den Mandelstiften bestreuen.

8. Kuchen im Backofen auf der mittleren Schiene 45 Minuten backen, bis der Teig an den Rändern goldgelb ist. Heiß oder lauwarm servieren.

TIPP: **Lassen Sie die Torte noch 5–10 Minuten im abgeschalteten Backofen ruhen, damit sich der ausgetretene Saft der Roten Bete setzen kann.**

Gedämpfter Rosenkohl mit Lauch und Äpfeln

Für 4 Portionen • Pro Portion: 248 kcal, 13 g E, 12 g F, 22 g KH

1 kg Rosenkohl
500 ml Wasser
Salz
2 Stangen Lauch
2 säuerliche Äpfel
1–2 EL Zitronensaft
50 g Butter
Pfeffer

1. Den Rosenkohl putzen, waschen und halbieren oder vierteln. Im Varoma und Varoma-Einlegeboden verteilen. Wasser mit etwas Salz in den Mixtopf geben, Varoma aufsetzen und Rosenkohl **25–30 Minuten/Varoma/Rührstufe** dämpfen.

2. In der Zwischenzeit den Lauch putzen, gut waschen und in etwa ½ cm breite Ringe schneiden. Die Äpfel schälen, Kerngehäuse entfernen, Fruchtfleisch würfeln und mit dem Zitronensaft beträufeln.

3. Den Varoma abnehmen und beiseitestellen. Mixtopf abtrocknen.

4. Die Butter in den Mixtopf geben und **30 Sekunden/100 °C/Stufe 2** schmelzen. Die Lauchringe dazugeben und **3 Minuten/100 °C/Stufe 1,5 linksdrehend** dünsten. Die Apfelwürfel dazugeben und weitere **2 Minuten/100 °C/Stufe 2 linksdrehend** dünsten.

5. Rosenkohl in eine große Schüssel füllen und die Lauch-Apfel-Mischung unterheben. Mit Salz und Pfeffer würzen und gleich servieren.

TIPP: Sie können Lauch und Äpfel auch in einer beschichteten Pfanne leicht anbraten, während der Rosenkohl gart. Zum Mitbraten geeignet sind für Nicht-vegetarier auch Schinkenwürfel, die Sie in 50-g-Packungen im Kühlregal finden.

Gnocchiauflauf mit Spinat

Für 6 Portionen • Pro Portion: 388 kcal, 14 g E, 15 g F, 48 g KH

800 g Gnocchi (aus dem Kühlregal)
500 ml Wasser
Salz
1 Zwiebel
2 Knoblauchzehen
2 EL Olivenöl
400 g frischer Spinat
Pfeffer
2 Kugeln Mozzarella

1. Die Gnocchi aus der Packung nehmen und im Varoma und Varoma-Einlegeboden verteilen. Wasser mit etwas Salz in den Mixtopf geben, Varoma aufsetzen und Gnocchi **20 Minuten/Varoma/Rührstufe** dämpfen. Anschließend in eine Auflaufform füllen. Den Mixtopf spülen und abtrocknen.

2. Den Backofen auf 200 °C Ober-/Unterhitze (Umluft 180 °C) vorheizen.

3. Die Zwiebel abziehen und vierteln. Die Knoblauchzehen schälen. Beides mit dem Olivenöl in den Mixtopf geben, Messbecher aufsetzen und alles **5 Sekunden/Stufe 5** zerkleinern. Mit dem Spatel nach unten schieben und **3 Minuten/120 °C/Stufe 1,5** dünsten.

4. Den Spinat gründlich waschen und verlesen. Die Hälfte des Spinats tropfnass in den Mixtopf geben. **3 Minuten/100 °C/Stufe 2 linksdrehend** am Gerät einstellen. Wenn die Spinatportion zusammenzufallen beginnt (Sichtkontrolle!), weiteren Spinat durch die Deckelöffnung dazugeben und mithilfe des Spatels einrühren.

5. Wenn der gesamte Spinat zusammengefallen ist, durch ein Sieb abgießen und auf den Gnocchi verteilen. Mit Salz und Pfeffer würzen.

6. Den Mozzarella in dünne Scheiben schneiden und auf dem Spinat verteilen.

7. Auflauf im Ofen 15–20 Minuten überbacken, bis der Käse geschmolzen und goldgelb ist.

Rosenkohlauflauf mit Speck

4 Portionen • Pro Portion: 420 kcal, 30 g E, 26 g F, 13 g KH

75 g Parmesan

1 kg Rosenkohl

750 l Wasser

Salz

1 TL Zucker

½ Bio-Zitrone

1 Stück Ingwer (etwa walnussgroß)

300 ml saure Sahne

3 Eier, Größe M

Pfeffer

125 g Frühstücksspeck (Bacon)

1. Den Parmesan in den Mixtopf geben, Messbecher aufsetzen und Käse **10 Sekunden/Stufe 8** zerkleinern. In eine kleine Schüssel umfüllen.

2. Den Rosenkohl waschen, putzen und größere Köpfe halbieren. Im Garkörbchen und Varoma verteilen. Wasser mit 1 TL Salz und dem Zucker in den Mixtopf geben, Garkörbchen einhängen, Varoma aufsetzen und Rosenkohl **18 Minuten/ Varoma/ Garstufe** dämpfen.

3. In der Zwischenzeit den Backofen auf 180 °C Ober-/Unterhitze (Umluft 160 °C) vorheizen.

4. Die Zitrone waschen, 1 EL Schale abraspeln und die halbe Frucht auspressen. Den Ingwer schälen und reiben.

5. Den Rosenkohl in eine ofenfeste Form geben (ca. 25 x 20 cm) und mit Zitronenschale und Ingwer vermischen.

6. Saure Sahne, Eier, Parmesan und Zitronensaft im Mixtopf **10 Sekunden/Stufe 3** verrühren, mit Salz und Pfeffer würzen und über den Rosenkohl gießen.

7. Den Speck in Rechtecke schneiden und obenauf verteilen. Auflauf im Backofen ca. 30–35 Minuten auf der mittleren Schiene backen, bis der Speck schön knusprig ist. Gleich in der Form servieren.

TIPP: Gehackte Mandeln oder Haselnüsse passen auch gut zum Rosenkohl. Sie können den Auflauf damit bestreuen, bevor Sie den Speck auflegen.

Wirsingauflauf mit Kürbis und Penne

Für 4 Portionen • Pro Portion: 396 kcal, 13 g E, 18 g F, 47 g KH

40 g Parmesan oder Grana Padano

2 Schalotten

1 Knoblauchzehe

3 EL Olivenöl

300 g Wirsing

500 ml Gemüsebrühe

300 g Kürbis (z. B. Muskat- oder Flaschenkürbis)

200 g Penne oder andere Teigwaren

Salz

2 EL Semmelbrösel

Pfeffer aus der Mühle

1. Den Parmesan in Stücke brechen, in den Mixtopf geben, Messbecher aufsetzen und Käse **10 Sekunden/Stufe 8** reiben. In eine Schüssel umfüllen.

2. Schalotten abziehen, Knoblauchzehe schälen. Beides mit 1 EL Öl in den Mixtopf geben, Messbecher aufsetzen und Gemüse **5 Sekunden/Stufe 5** zerkleinern. Mit dem Spatel nach unten schieben und **3 Minuten/120 °C/Stufe 1,5** dünsten.

3. Die Wirsingblätter gründlich waschen und die harte Mittelrippe entfernen. Ganze Blätter in den Varoma legen. Gemüsebrühe in den Mixtopf füllen, Varoma aufsetzen und Wirsing **15 Minuten/Varoma/Rührstufe** dämpfen.

4. Kürbis schälen, entkernen und das Fruchtfleisch in etwa 1 ½ cm große Würfel schneiden. Mit den Teigwaren in den Mixtopf geben, Varoma wieder aufsetzen und das Ganze **8 Minuten/100 °C/Stufe 1 linksdrehend** garen.

5. Währenddessen den Backofen auf 200 °C Ober-/Unterhitze (Umluft 180 °C) vorheizen.

6. Die Hälfte der Wirsingblätter in einer Auflaufform verteilen. Die Hälfte der Kürbis-Penne-Mischung darauf verteilen und salzen. Mit den restlichen Wirsingblättern bedecken und die zweite Hälfte der Kürbis-Penne-Mischung darübergeben.

7. Parmesan mit den Bröseln vermischen und den Auflauf damit bestreuen. Mit dem restlichen Olivenöl beträufeln und mit Pfeffer bestreuen.

8. Auflauf im Ofen 15–20 Minuten überbacken, bis der Käse geschmolzen und die Brösel goldbraun sind.

Pfifferlingquiche

Für 6 Portionen • Pro Portion: 463 kcal, 13 g E, 34 g F, 28 g KH

200 g Weizenmehl (Type 550) + etwas für die Arbeitsfläche

100 g kalte Butter + etwas für die Form

4 Eier, Größe M

½ TL Salz

300 g frische Pfifferlinge

1 Zwiebel

2 Stängel Dill

1 EL Olivenöl

150 ml Schlagsahne

200 g Ziegenfrischkäse

1. Für den Teig Mehl, Butter in Flocken, 1 Ei und Salz in den Mixtopf geben und **30 Sekunden/Knetstufe** zu einem krümeligen Teig verarbeiten. Teig auf die bemehlte Arbeitsfläche kippen und mit den Händen einen flachen Fladen daraus formen. In Frischhaltefolie gewickelt 1 Stunde im Kühlschrank ruhen lassen.

2. Die Pfifferlinge mit einem Pinsel oder einer weichen Bürste putzen. Größere Pilze halbieren. Die Zwiebel abziehen und vierteln. Dill waschen, mit Küchenkrepp trocken tupfen und die Blätter von den Stängeln zupfen.

3. Den Backofen auf 160 °C Ober-/Unterhitze (Umluft 140 °C) vorheizen.

4. Die Arbeitsfläche erneut mit Mehl bestäuben und den Teig etwa 3 mm dünn ausrollen. Eine gefettete Quicheform (ca. 27 cm Durchmesser) damit auskleiden und einen ca. 1 ½ cm hohen Rand hochziehen. Den Teig mit einer Gabel mehrmals im Abstand von 5 cm einstechen.

5. Zwiebel mit Olivenöl in den Mixtopf geben, Messbecher aufsetzen und Zwiebel **5 Sekunden/Stufe 5** zerkleinern. Mit dem Spatel nach unten schieben und **3 Minuten/120 °C/Stufe 1,5** dünsten. Auf dem Teig verteilen und die Pfifferlinge daraufgeben. Mixtopf nicht spülen.

6. Dill, Sahne, Ziegenfrischkäse und die restlichen Eier in den Mixtopf geben und **10 Sekunden/Stufe 3** glatt rühren, dann über die Pfifferlinge gießen.

7. Quiche auf der 2. Schiene von unten im Ofen 20–25 Minuten backen, bis die Eiersahne gestockt und der Teigrand goldgelb ist.

TIPP: Sie können den Teig auch auf 6 kleine Quicheformen (ca. 12 cm Durchmesser) verteilen. Die Backzeit verringert sich dann um etwa 5 Minuten.

Grüne-Bohnen-Auflauf mit Pilzen und Käse

Für 4 Portionen • Pro Portion: 466 kcal, 24 g E, 30 g F, 25 g KH

750 g grüne Bohnen

200 g frische Pilze (z. B. Austernpilze, Shiitake oder
braune Champignons)

1 l Wasser

Salz

100 g Cheddar

1 große Zwiebel

2 EL Rapsöl

200 ml Schmand oder saure Sahne

Pfeffer oder Cayennepfeffer

1. Die Bohnen putzen, waschen und in etwa 5 cm lange Stücke schneiden. Dann ins Garkörbchen legen.

2. Die Pilze putzen und mit einer weichen Bürste oder Küchenpapier abreiben. **3 Sekunden/Stufe 3** im Mixtopf zerkleinern (Messbecher!) oder von Hand in Scheiben schneiden. Bei Shiitake-Pilzen die Stiele herausknipsen und die größeren Köpfchen auseinanderbrechen. Die Pilze in den Varoma legen.

3. Wasser mit etwas Salz in den Mixtopf füllen, Garkörbchen einhängen, Varoma aufsetzen und das Gemüse **20 Minuten/Varoma/Rührstufe** dämpfen. Varoma und Garkörbchen beiseitestellen, den Mixtopf ausleeren und abtrocknen.

4. Den Cheddar grob in Stücke schneiden, in den Mixtopf geben, Messbecher aufsetzen und Käse **10 Sekunden/Stufe 8** zerkleinern. In eine Schüssel umfüllen und beiseitestellen.

5. Den Backofen auf 200 °C Ober-/Unterhitze (Umluft 180 °C) vorheizen.

6. Die Zwiebel abziehen und vierteln. In den Mixtopf geben (er muss nicht von den Käseresten gereinigt sein) und mit aufgesetztem Messbecher **5 Sekunden/Stufe 5** zerkleinern. Das Öl dazugeben und Zwiebel **4 Minuten/120 °C /Stufe 1,5** dünsten.

7. Schmand und die Hälfte des Cheddars dazugeben, mit Salz und Pfeffer würzen und **5 Sekunden/Stufe 4** (Messbecher!) verrühren.

8. Bohnen und Pilze in eine Auflaufform geben, mit der Sauce begießen und mit dem restlichen Käse bestreuen.

9. Auflauf im Ofen auf der mittleren Schiene 15 Minuten backen, bis der Käse geschmolzen ist.

Lauchauflauf mit Speck

Für 6 Portionen • Pro Portion: 479 kcal, 21 g E, 30 g F, 31 g KH

300 g Quark (20 % Fett)

50 ml Milch

60 ml Rapsöl + 2 EL zum Dünsten

Salz

200 g Weizenmehl (Type 405 oder 550) +
   etwas für die Arbeitsfläche

½ Pck. Backpulver

etwas Fett für die Form

50 g Käse (z. B. Grana Padano oder alter Gouda)

500 g Lauch (ca. 3 Stangen, vorbereitet gewogen)

100 ml saure Sahne

3 Eier, Größe M

Pfeffer

100 g Speckwürfel

1. 100 g Quark, Milch und 60 ml Öl mit 1 Prise Salz im Mixtopf **5 Sekunden/Stufe 4** verrühren. Mit dem Spatel nach unten schieben, Mehl und Backpulver dazugeben und **3 Minuten/Knetstufe** vermischen.

2. Teig auf die bemehlte Arbeitsfläche geben und mit den Händen einen flachen Fladen daraus formen. Ausrollen und eine leicht gefettete Spring- oder Quicheform (ca. 30 cm Durchmesser) damit auskleiden.

3. Den Backofen auf 180 °C Ober-/Unterhitze (Umluft 160 °C) vorheizen.

4. Den Käse grob zerschneiden, in den Mixtopf geben, Messbecher aufsetzen und **10 Sekunden/Stufe 8** reiben. In eine kleine Schüssel umfüllen und beiseitestellen.

5. Den Lauch putzen, längs aufschlitzen, gründlich waschen und grob zerschneiden.

6. Lauch mit 2 EL Rapsöl in den Mixtopf geben und **6 Sekunden/Stufe 5** zerkleinern (Messbecher!). Mit dem Spatel nach unten schieben und **6 Minuten/100 °C/ Stufe 1,5 linksdrehend** dünsten.

7. Restlichen Quark, saure Sahne, Eier, Salz und Pfeffer dazugeben und **15 Sekunden/Stufe 3 linksdrehend** verrühren. Masse auf dem Teig verteilen.

8. Auflauf mit Speckwürfeln und geriebenem Käse bestreuen und im Ofen 20 Minuten backen, bis der Teigrand goldgelb wird. Anschließend abgedeckt 10 Minuten bei 80 °C ruhen lassen.

TIPP: **Legen Sie Ihre Springform je nach Beschaffenheit zuvor mit Backpapier aus, so kann dann nichts vom flüssigen Belag herauslaufen.**

Pizza mit Kartoffeln und roten Zwiebeln

Für 6 Portionen • Pro Portion: 520 kcal, 23 g E, 15 g F, 73 g KH

1 kg mehligkochende Kartoffeln

675 ml Wasser

Salz

1 Würfel frische Hefe

330 g Mehl (Type 405 oder 550)

2 EL Olivenöl

200 g Gouda oder Edamer in Scheiben

100 g rote Zwiebeln

Pfeffer aus der Mühle

1. Die Kartoffeln schälen und waschen. Die Hälfte in ½ cm dicke Scheiben schneiden und im Varoma und Varoma-Einlegeboden verteilen. Die übrigen grob zerschneiden und ins Garkörbchen geben.

2. 500 ml Wasser und etwas Salz in den Mixtopf füllen, Garkörbchen einhängen, Varoma aufsetzen und Kartoffeln in **30 Minuten/Varoma/Rührstufe** weich dämpfen.

3. Varoma abnehmen und beiseitestellen. Garkörbchen herausnehmen, Mixtopf ausleeren. Er muss nicht gespült werden.

4. Die restlichen 175 ml Wasser in den Mixtopf gießen, die Hefe hineinbröseln und **20 Sekunden/37 °C/Stufe 2** darin auflösen. Kartoffeln aus dem Garkörbchen dazugeben und zugedeckt **7 Sekunden/Stufe 5** zerkleinern. Mehl und Olivenöl dazugeben und alles in **3 Minuten/Knetstufe** zu einem geschmeidigen Teig kneten. Den Teig an einem warmen Ort zugedeckt ca. 20 Minuten gehen lassen.

5. Backofen auf 180 °C Ober-/Unterhitze (Umluft 160 °C) vorheizen.

6. Ein Backpapier in Backblechgröße ausschneiden und den Teig darauf ausrollen. Mit dem Papier auf das Backblech ziehen und nochmals gehen lassen.

7. Die Kartoffelscheiben auf dem Teig verteilen. Käse in Rechtecke oder Quadrate schneiden und auf die Kartoffeln geben. Die Zwiebeln abziehen, in Ringe schneiden und auf der Pizza verteilen. Mit Pfeffer aus der Mühle bestreuen.

8. Pizza im Ofen 20 Minuten backen, bis der Käse geschmolzen und der Rand goldgelb ist.

Spinat-Kartoffel-Auflauf

Für 4 Portionen • Pro Portion: 438 kcal, 17 g E, 26 g F, 33 g KH

700 g festkochende Kartoffeln

400 g frischer Spinat

750 ml Wasser

Salz

1 weiße Zwiebel

15 g Butter

150 ml Schlagsahne

75 g Frischkäse

4 Eier, Größe M

Pfeffer

200 g Cocktailtomaten

etwas Fett für die Form

1. Die Kartoffeln schälen, waschen, in Scheiben oder Würfel schneiden und in das Garkörbchen geben. Den Spinat waschen, verlesen und in den Varoma legen.

2. Wasser mit etwas Salz in den Mixtopf füllen, Garkörbchen einhängen und die Kartoffeln **15 Minuten/Varoma/Rührstufe** dämpfen. Varoma mit dem Spinat aufsetzen und alles zusammen weitere **15 Minuten/Varoma/Rührstufe** weich garen. Varoma und Garkörbchen beiseitestellen und Mixtopf ausleeren und abtrocknen.

3. Den Backofen auf 180 °C Ober-/Unterhitze (Umluft 160 °C) vorheizen.

4. Die Zwiebel abziehen und vierteln. In den Mixtopf geben und mit aufgesetztem Messbecher **5 Sekunden/Stufe 5** zerkleinern. Mit dem Spatel nach unten schieben, die Butter dazugeben und Zwiebel **4 Minuten/100 °C/Stufe 1,5** dünsten.

5. Sahne, Frischkäse, Eier, Pfeffer und Salz dazugeben und **15 Sekunden/Stufe 3** verrühren. Die Tomaten waschen, abtropfen lassen und halbieren.

6. Kartoffeln und Spinat abwechselnd in eine gefettete Auflaufform (ca. 20 x 25 cm) schichten, mit der Eiermasse begießen und mit den Tomaten belegen.

7. Auflauf im Backofen 20–25 Minuten stocken lassen, bis die Oberfläche schön goldgelb ist.

TIPP: Dazu schmeckt ein frischer grüner Salat oder Feldsalat.

Kartoffelknödelauflauf

Für 6 Portionen • Pro Portion: 628 kcal, 24 g E, 25 g F, 75 g KH

120 g Bergkäse oder Emmentaler
8 Kartoffelknödel (aus dem Kühlregal)
2 Zwiebeln
2 EL Rapsöl
125 g Schinkenwürfel (aus dem Kühlregal)
200 ml Gemüsebrühe
200 ml Sahne
Salz, Pfeffer
2 Stängel glatte Petersilie

1. Den Käse zerschneiden, in den Mixtopf geben, Messbecher aufsetzen und Käse **10 Sekunden/Stufe 8** reiben. In eine Schüssel umfüllen.

2. Pergamentpapier zurechtschneiden und in den Varoma legen. Darauf achten, dass die Schlitze zur Dampfzirkulation frei bleiben. Kartoffelknödel aus der Packung nehmen und darauflegen.

3. Zwiebeln abziehen und vierteln. Mit dem Öl in den Mixtopf geben und mit aufgesetztem Messbecher **5 Sekunden/Stufe 5** zerkleinern. Mit dem Spatel nach unten schieben, die Schinkenwürfel dazugeben und alles **4 Minuten/120 °C/ Stufe 2 linksdrehend** dünsten.

4. Die Gemüsebrühe angießen, Varoma aufsetzen und das Ganze **24 Minuten/ Varoma/Stufe 2 linksdrehend** garen.

5. Den Backofen auf 200 °C Ober-/Unterhitze (Umluft 180 °C) vorheizen.

6. Den Varoma abnehmen und beiseitestellen. Die Sahne angießen und die Sauce mit Salz und Pfeffer abschmecken.

7. Die Knödel in eine Auflaufform geben, mit Sauce begießen und den geriebenen Käse darüber verteilen. Auflauf im Ofen 15–20 Minuten backen, bis der Käse geschmolzen ist.

8. Währenddessen die Petersilie waschen, mit Küchenkrepp trocken tupfen, die Blätter von den Stängeln zupfen und hacken. Vor dem Servieren über den Auflauf streuen.

Kürbislasagne

Für 4 Portionen • Pro Portion: 564 kcal, 22 g E, 25 g F, 61 g KH

125 g mittelalter Gouda

2 Zwiebeln

2 EL Olivenöl

750 g Hokkaido-Kürbis

500 ml passierte Tomaten

275 ml Gemüsebrühe

Salz, Pfeffer oder Cayennepfeffer

½ TL gemahlener Zimt

400 ml Milch

3 EL Saucenbinder

50 g Rucola oder Blattspinat

12 Lasagneblätter (ca. 200 g)

1. Den Käse zerschneiden, in den Mixtopf geben, Messbecher aufsetzen und Gouda **7 Sekunden/Stufe 8** reiben. In eine Schüssel umfüllen und beiseitestellen.

2. Zwiebeln abziehen und vierteln. Zusammen mit dem Olivenöl in den Mixtopf geben und mit aufgesetztem Messbecher **5 Sekunden/Stufe 5** zerkleinern. Mit dem Spatel nach unten schieben und **3 Minuten/120 °C/Stufe 1,5** dünsten.

3. Den Backofen auf 200 °C Ober-/Unterhitze (Umluft 180 °C) vorheizen.

4. Den Kürbis waschen (die Schale wird mitverwendet), die Kerne entfernen, Fruchtfleisch grob zerschneiden und – am besten in 2 Portionen – im Mixtopf jeweils **5 Sekunden/Stufe 5** zerkleinern.

5. Passierte Tomaten und 125 ml Gemüsebrühe dazugeben und mit Salz, Pfeffer und Zimt würzen. Tomaten-Kürbis-Gemisch **12 Minuten/90 °C/Stufe 2** schmoren. Dann in eine Schüssel umfüllen. Den Mixtopf spülen.

6. Milch und restliche Brühe in den Mixtopf geben und **7 Minuten/100 °C/Stufe 1** am Gerät einstellen. Sobald die Milch kocht (nach etwa 6 Minuten), den Saucenbinder durch die Deckelöffnung dazugeben und aufkochen lassen.

7. Die Hälfte vom Käse in **20 Sekunden/Stufe 4** nach und nach durch die Deckelöffnung einrühren. Den Rucola waschen und trocken schütteln.

8. Lasagneblätter, Tomaten-Kürbis-Gemisch, Rucola und Käsesauce abwechselnd in eine Auflaufform (ca. 25 x 20 cm) schichten. Mit Käsesauce abschließen und den restlichen Käse darüberstreuen.

9. Auflauf im Ofen auf der mittleren Schiene 30–35 Minuten goldgelb backen. Vor dem Servieren 5–10 Minuten im abgeschalteten Backofen ruhen lassen.

TIPP: **Nach Belieben können Sie 25 g Pinienkerne oder Sesamsaat in einer beschichteten Pfanne rösten und vor dem Servieren über die Lasagne streuen.**

Kürbisgratin mit Hackfleisch

Für 4 Portionen • Pro Portion: 572 kcal, 26 g E, 36 g F, 38 g KH

80 g junger Gouda

150 ml saure Sahne

500 g Kürbis (z. B. Hokkaido- oder Muskat-Kürbis; geputzt gewogen)

1,2 l Wasser

Salz

160 g Teigwaren (z. B. Spiralen oder Farfalle)

2 Zwiebeln

2 EL Rapsöl

250 g Rinderhackfleisch (oder gemischtes Hackfleisch)

½ EL Rosmarinnadeln

etwas Fett für die Form

Pfeffer

1–2 EL Balsamessig

2 EL Olivenöl